藏传佛教五大教派名僧传

噶举派

拉科·益西多杰 编译

青海人民出版社

图书在版编目（CIP）数据

藏传佛教五大教派名僧传.噶举派/拉科·益西多杰编译.-- 西宁：青海人民出版社，2018.9（2021.4重印）
ISBN 978-7-225-05650-0

Ⅰ.①藏… Ⅱ.①拉… Ⅲ.①噶举派—僧侣—列传—中国 Ⅳ.① B949.92

中国版本图书馆 CIP 数据核字 (2018) 第 217945 号

藏传佛教五大教派名僧传·噶举派

拉科·益西多杰　编译

出 版 人	樊原成
出版发行	青海人民出版社有限责任公司
	西宁市五四西路 71 号　邮政编码：810023　电话：（0971）6143426（总编室）
发行热线	（0971）6143516 / 6137730
网　　址	http://www.qhrmcbs.com
印　　刷	陕西龙山海天艺术印务有限公司
经　　销	新华书店
开　　本	889 mm × 1194 mm 1/32
印　　张	7
字　　数	122 千
版　　次	2019 年 7 月第 1 版　2021 年 4 月第 2 次印刷
书　　号	ISBN 978-7-225-05650-0
定　　价	36.00 元

版权所有　侵权必究

目 录

那若巴·晋美札巴
——玛尔巴·曲吉洛哲之师　007

克珠·琼波南觉
——香巴噶举派创始人　016

玛尔巴·曲吉洛哲
——达波噶举派师祖　022

至尊·米拉日巴
——噶举派著名苦行僧　030

达波拉杰·索南仁清
——米拉日巴大弟子　042

热琼巴·多杰札巴
——米拉日巴嫡传弟子　049

帕摩竹巴·多杰嘉波
——帕竹噶举派创始人　053

智钦·唐东杰布
——古代建桥大成就师　059

藏宁赫汝嘎·桑结坚赞
——著名文学巨匠　069

采巴·祥·尊哲札巴
　　——采巴噶举派创始人　　073

采巴·耿噶多杰
　　——著名藏族历史学家　　077

巴戎巴·达玛旺秀
　　——巴戎噶举派创始人　　080

噶玛巴·德松钦巴
　　——噶玛噶举派创始人　　085

噶玛·拔希·却吉喇嘛
　　——噶玛噶举派黑帽系第二世活佛　　092

噶玛巴·让琼多杰
　　——噶玛噶举派黑帽系第三世活佛　　096

噶玛巴·若白多杰
　　——噶玛噶举派黑帽系第四世活佛　　100

噶玛巴·德银协巴
　　——噶玛噶举派黑帽系第五世活佛　　105

道丹·札巴僧格

　　——噶玛噶举派红帽系第一世活佛　110

噶玛·喀觉旺波

　　——噶玛噶举派红帽系第二世活佛　115

噶玛·却华益西

　　——噶玛噶举派红帽系第三世活佛　119

却扎益西巴桑

　　——噶玛噶举派红帽系第四世活佛　123

却吉旺秀

　　——噶玛噶举派红帽系第六世活佛　127

华峨·祖拉昌瓦

　　——噶玛噶举派高僧　131

司徒·却吉郡乃

　　——噶玛噶举派大学者　134

枳贡巴·仁钦贝

　　——枳贡噶举派创始人　138

达隆塘巴·扎西贝
——达隆噶举派创始人　143

杰贡·次臣僧格
——修赛噶举派创始人　148

热丹贡桑帕巴
——明代江孜法王　152

岭热·白玛多杰
——竹巴噶举派创始人　158

藏巴嘉热·益喜多杰
——竹巴噶举派开拓者　162

郭仓巴·衮波多杰
——上竹巴支派创始人　168

洛热巴·旺秀尊哲
——下竹巴支派创始人　172

邬坚巴·仁钦白
——元代著名佛学家　178

竹巴·贡嘎勒巴

　　——一尘不染的瑜伽自在师　182

竹巴·白玛嘎布

　　——竹巴热隆寺第四世活佛　188

雅桑·却吉门兰

　　——雅桑噶举派创始人　194

绰普·贾察仁钦贡

　　——绰普噶举派创始人　198

工珠·云丹嘉措

　　——晚清噶举派一大学者　201

玛尔·喜饶益希

　　——玛尔支派创始人　206

叶巴·益希泽巴

　　——叶巴支派创始人　211

后　记　215

བཀའ་བརྒྱུད།

噶举派

噶举派

藏传佛教噶举派，旧译迦举派，公元11、12世纪藏传佛教后弘时期产生和发展起来的一大教派。该派传承从总体看有远传和近传之分，其中远传的语旨又分为四大语旨：第一语旨，由金刚持传与因陀罗菩提王、龙所变化的瑜伽母、地神毗苏迦瓦、大成就者萨罗诃和圣龙树尊师。是从龙树尊师听受了父续《密集》及其圆满次第五次第的当面指点、《金刚四座》续及其口诀、"六法"中的幻身和迁识与入舍等而领受的彼等的语旨。第二语旨，金刚持传与智慧空行母、古古日巴、咱热耶巴等的语旨。是从咱热耶巴听受了母续《玛哈摩耶》与"六法"中诸梦境法类而领受的语旨。第三语旨，是由金刚持传与金刚手、卓毗赫鲁迦、毗哈那班杂和罗瓦巴，又从罗瓦巴听受了《胜乐》等母续全部和"六法"中的光明为主的圆满次第的诸法类而领受的彼等语旨。第四语旨，由金刚持传与金刚手、无支分金刚、莲花金刚和善缘空行母。是从善缘空行母听受了《吉祥喜金刚本续》诸续和"六法"的教授全部,此外特别领受了"拙火"的语旨。如是佛金刚持的证悟与义理的传承便完全转移到了印度高僧德洛巴的心相续之中。他又从咱热耶巴学习了"拙火定"的语旨,从龙树学习了幻身与光明的语旨,从罗瓦巴学习了梦境的语旨,从乐成空行母学习了"中有"与"往生"的语旨,此外,又从因陀罗菩提王听受了他身智的教授和从摩定喀听受了"夺舍法"的教授等语旨。这四种远传语旨皆源于印度诸大成就者,虽稍有不同之处,但主旨是相同的。所说的近传,主要指印度高僧德洛巴和此后的那若巴二位大师。因德洛巴大师是直接从佛金刚持听受了密宗四续部的教授和金刚瑜伽母付予了耳传宝三法类藏,所以一切教授的精华皆集于德洛巴大师一身。那若巴是德洛巴的亲炙弟子,他经受了十二种生死攸关的大苦行和考验后,将上师所有密法全部学到手,玛尔巴·却吉洛哲又是那若巴大师的亲传弟子,几次赴印克服各种困难,方才将那若巴大师所拥有的教法全部学到手,他又传给弟子米拉日巴,米拉又传给达波拉杰、热琼巴等,逐渐形成了噶举派。该派从远传和近传主要修学密宗法类,修学方法必须通过口耳相承,从不间断。噶举派的"噶"是指上师的言教或曰佛语,即语旨。"举",意为传承,传承金刚持佛亲口所传

噶举派

授的密咒教义。合译意为"佛语以口授传承"。噶举派特别注重密法修炼，尤其是强调传教以师徒相承，修行秘诀以口语传授，耳听心会，注重密法，不重经典。因而被称为"噶举派"，亦即口头传承派。

噶举派是藏传佛教各教派中最为庞杂的一个教派。最初该派创始人及其传承僧人穿白色僧裙和上衣，故人们以衣色俗称"白教"，其实以颜色称教派名是没有道理的。以后噶举派一些派别的僧侣也穿绛红色袈裟。噶举派支系庞杂，开始在后藏香地（今南木林地方）出现了一个教派，其创始人为克珠·琼波南觉，因"香地"取派名为香巴噶举派，该师先后几次赴印访名师求学佛法，成为一佛学大师，返藏后在香地（南木林县）一带收徒建寺，据说先后建了以香相寺为主的108座寺院。收徒8万余众，传播噶举派教法。据说该师享寿150岁。后又出现了两个小支派，该派到14、15世纪后逐渐衰绝。后由玛尔巴、米拉日巴、达波拉杰师徒继承德洛巴和那若巴教法在前藏地区建寺传播噶举派教法，被称为达波噶举，所以后来噶举派主要指的是达波噶举。达波噶举又派生出四个大教派，即噶玛·德松钦巴所创噶玛噶举、采巴·祥·尊哲扎巴所创采巴噶举、巴戎巴·达玛旺秀所创巴戎噶举、帕摩竹巴·多杰嘉波所创帕竹噶举四大派系，其中帕竹噶举又分出枳贡、达隆、竹巴、雅桑、绰普、修赛、叶巴、玛尔巴八个小支系，故噶举派有"四大八小"之说。有的小支派兴盛一段时间后，在历史的长河中逐渐衰落而不复存在。该教派的噶玛噶举和帕竹噶举的上层喇嘛，曾受元、明两朝册封，还相继建立帕竹政权和噶玛政权，掌握西藏地方政教权力近3个世纪。按著名喇嘛噶玛拔希的遗嘱，由邬坚巴·仁钦白认定让琼多杰为噶玛拔希的转世，是噶玛噶举派第三世活佛，这是在藏传佛教中最早采用活佛转世制度的。该派主要学说是月称中观见，注重密法、大手印教法、喜金刚、那若六法等，注重师徒口耳单传，以苦修证理通达大印的境界。其著名寺院有噶玛丹萨寺、丹萨替寺、楚普寺、桑丁寺、类乌齐寺、羊八井寺、直贡替寺、泽当寺、八邦寺等，遍于康区和前藏。现在该派在藏传佛教传播地区的基础仍很强大，在欧美和东南亚一带亦有相当影响。

那若巴·晋美札巴

——玛尔巴·曲吉洛哲之师

藏传佛教五大教派名僧传

　　那若巴·晋美札巴，是西印度（今克什米尔）一著名瑜伽成就大师，为藏传佛教噶举派开创人玛尔巴·曲吉洛哲译师的传法上师，出身高贵种族释迦氏族。父亲希卫果恰是当地一国王，娶另一国王贝旦扎巴的公主拉金贝吉罗哲为王后。生有一个如花似玉的小公主，名叫拉久华吉意希。为了后继有人，国王和王后虔诚求神拜佛，供奉三宝，于火龙年(956年)四月初十黎明时生下一个天资聪慧的王子，取乳名嘉布根都桑波。据说小王子生来就有未卜先知的神异，能知过去未来之事，自幼就信奉三宝和本尊神。七八岁时，父母为了让那若巴继承王位，只让他学习文化知识，不让他学习佛学经典。年稍长，派人教习弓箭、刀剑、摔跤等武功，同时学习历算学、工艺学、医学、诗论等常用知识学科。他学习十分认真刻苦，加上他的聪明才智，学业进步很快。

噶举派

青年时父母虽约束了他的人身，却约束不了他对佛的虔诚之心。那若巴再三请求父母让他出家，皈依佛门，未能得到父母的同意。他耐心地用佛法开导父母，终受感动，方勉强答应他去学习佛法。他到克什米尔一大寺院，拜堪布南喀扎巴为师，剃度出家，受沙弥戒，法名南喀宁波。在这里学法三年期间，那若巴先后师从13位班智达学习大小五明论和显密经论，成为学识渊博的大学者。后返回家乡，为臣民传授菩提发心、声明学、因明论等学说，还因人而异不断传授金刚乘密法，使金刚乘密法在他的故乡重新传播开来。这时他又向父亲提出受比丘戒的想法，父亲执意不肯，要给他相亲娶妻，他更不同意。在无可奈何的情况下，父母提出只要你答应娶妻生子，我们也同意你受比丘戒。那若巴权衡利弊，同意娶妻，并提出了几个选择对象的要求和条件：一是对象的家庭是婆罗门氏族；二是信奉外道者；三是姑娘是一位最清洁且贤淑者，年龄为16岁，其名字中必有"智美（无垢）"二字。父母派大臣按条件寻访，几经周折，在东方一个名叫巴嘎拉的地方附近，多属外道徒的小城市内找到了与王子要求完全相吻合的最佳人选。姑娘妙龄16岁，名叫智美仲玛。经提亲聘礼，迎娶回来，真是天生的一对。成婚后，那若巴给妻子智美仲玛传授大乘密法，并让她修炼。妻子也十分聪慧，一学即会，对他百依百顺，言听计从。然而时间一长，他又开始厌烦世俗生活，便对贤妻做工作过离异生活，起初妻子不同意，那若巴用佛祖释迦牟尼放弃王位，离开众妃毅然出家修行即身成佛的生动实例进行劝导，他说："我要是陷入世俗事务和情欲的泥沼而不能自拔的话，一辈子也修不成正果，只能是一个庸碌无为之人了。"妻子慎思再三，为不耽误他学佛的前途，也就答应了他的要求。

　　那若巴惜别父母妻子踏上了求法学佛之路。首先到一个喜乐园的寺院中，请求桑吉加任堪布，冶喜沃任亲教师给他再次授沙弥戒；后又到克什米尔的布纳拉寺，经请求，由却吉喇嘛任堪布，却吉意希任亲教师，东巴却吉绛曲任密教师，在十几位比丘僧的面前受了比丘大戒，取比丘名却吉坚赞。他受戒后到普拉哈日圣地讲修佛法，这里有许多佛法高深的比丘僧，有的会预言和幻变之法，有的获殊胜证悟，有的精通五明论，他跟着学会了许多佛法，成为持佛大师，大家称他乃丹旦巴增巴，意为"持佛尊者"。后进驻印度最著名的伽蓝——那烂陀寺。这里有精通经部、律藏、俱舍、本母等经论的班智达五百人，著名的大成就者八十四位，尤其该寺的四大守门法师最负盛名。东门的守护者为喜饶郡乃班智达；南门为禁戒门，由那波巴班智达守护；西门由热达纳阿嘎贤德巴守持；北门原守护者那

噶举派

孜达日扎已圆寂，是个空缺之位。该寺多方物色，未能找到合适的人选，见新来的比丘僧持佛尊者相貌不俗，且博学广闻，众班智达举荐他担任北门守护法师，再三推让不过，答应担任此职，成了北门的守护法师。按印度佛教惯例，凡新到该寺任职的班智达，必须与该寺内外诸班智达辩经，如取胜者方确认班智达的学位。寺方宣布那若巴做好准备，用一个月的时间与班智达辩经斗智。在那烂陀寺的佛殿中央设法王法座，四周班智达围观监考，那若巴用半个月时间与内班智达辩论因明论和声明论，获得全胜，又用半个月时间与外班智达辩论，并比试一切变幻法，个个都败在他手下，由坐在中央法座上的法王给他授予了内外班智达的称号，起班智达名号为晋美札巴，意译"无畏称"。因此，有百名精通外道法的法师拜他为师，将剃度的头发收藏内明佛身像之内，在三天时间内，又有六百名外道信徒做了他的弟子，将落发全部收于内明佛殿内。此时此刻，那烂陀全寺欢声雀跃，树立梵幡旗帜，击鼓如雷，法螺齐鸣，僧众沉浸在一片欢乐之中。众僧推他为那烂陀寺堪布，寺僧都来向他顶礼，就连自己的父王希卫果恰也给儿子顶礼膜拜，合掌称善，由此那若巴闻名遐迩。

那若巴在那烂陀一住几年，后来想求学更高一层的佛法，因他清楚地意识到佛法是无边的，遂婉言辞卸堪布和守门法师之职，寻访名师，求学正法。在去东印度的半道上，他与一位老夫人相遇，老夫人问他何往，答曰："寻求正法。"老夫人说："你懂佛经词句还是懂经义？"答道："既懂词句，又懂经义。"老夫人大笑起来。那若巴问道："您为何发笑？"老夫人说："您是大班智达，懂得佛经词句一点不假，然而对经义却不懂装懂，故而发笑。""那真正通晓经义者是何人？"那若巴反问道。答："是我兄长德洛巴，快去向他学习教法吧！"说完不见了。她就是至尊金刚瑜伽母的化身，前来指点迷津。他听到德洛巴的大名，不由得肃然起敬。因为德洛巴是蜚声东印度的一位佛学大师，他不仅佛法高深，而且精通瑜伽、空行幻化、起死回生等许多不可思议的特异功法。这时他的本尊神鼓励他道："德洛巴是佛的化身，你不向他求法怎能成佛，他是你的密法成熟解脱根本师，不要犹豫去寻访，我等给你加持力。"那若巴携带佛经，不畏道路艰险，踏遍了千山万水，经受了空行和德洛巴的使者一路上设置的十二小难和十二大难的种种考验，终于有缘拜见了德洛巴大师的尊颜。他按印度习俗，献上见面礼和学法之礼品，敬献花环，顶弟子大礼，德洛巴也十分喜欢他。过了几天，那若巴向上师献曼札，绕师座顶礼，双手合十，请求传法。上师首先让那若巴设供，然后正式传法。德洛巴给那若巴的传法非同一般上师传法，

噶举派

他用种种奇法治那若巴,让那若巴破释。那若巴在德洛巴尊者前求法学法十二载,德洛巴每年运用一种奇法(即难事,十二年用了十二种难事)让他破释,其实是用奇法测试那若巴的慧性和悟性如何。例如,上师将一颗修法用的宝珠放在自己的头顶,问表示何意,那若巴破释道:"如意宝珠犹如上师一样,受弟子顶礼。"他又将如意珠宝放在心窝处一言不发,那若巴立即回答道:"弟子侍奉上师忠心不二。"又如上师在一器皿内盛满干净清凉之水,让他里外全部饮尽,又问预示着什么,那若巴饮尽后答道:"用清凉干净之水,洗净自己与他人的愚昧和烦热之垢。"在12年中传授了"合和平等教言""脐火轮暖乐一切密法教言""幻身八法自我解脱密法教言""迷梦自我辟除法教言""无明除暗之光明教言""点金术变异秘诀教言""弃幻身皮夺舍甚深道教言""金刚乘殊胜空行密道速行使者涅沃果大乐教言""六平等教言""大手印智慧之光教言""中阴正道深义教言"等教言教诫密法。每传授一教言之前,皆经受巨大痛苦的考验,几乎每次都是舍身求法,如从三层高楼下跳法、断肢断首法、接死还魂法等。一次上师让他从高达三层的楼顶往下跳,结果摔得半死不活,如一具僵尸,在梵语中"那为人,若为尸",合为人尸。所以他的别号"那若巴"由此而得,另有两种不同说法不再赘述。德洛巴用手抚摸僵尸后得以复苏，又很快恢复健康，真是绝妙奇迹。德洛巴见那若巴经得起种种考验，方才把父俱生略法、母俱生修行法、胜乐六十二神法、十五天女法、胜乐十三法等密法全部传授给那若巴。那若巴将上述诸教言和密法经过总结提炼，总结出了六法，称"那若六法"，即：脐火瑜伽、光明、幻身、中有、往生和夺舍。后来那若六法和大手印法成了噶举派的主要修习法。德洛巴上师还给那若巴进行了身、语、意之灌顶，他所学佛法趋于成熟，获得殊胜证悟。

那若巴求得真实佛法和教言后，遵上师之命去一处静修地修炼，这期间为前来求学者传授正法。还用佛法使一个杀生成性的国王幡然悔悟，发誓不再射杀生灵。经一段时间修炼，证得了金刚乘成熟之道和大手印悉地十三金刚持之果位。之后到德洛巴上师的俄吾贡寺，上师说："你已证得大手印悉地成就，可以与我并驾齐驱了。现在去游学传法，我有一授记你要牢记心中：不要学习他人的行径，不久将来有一位上乘弟子名叫玛尔巴的来向你求学佛法，你要把正法毫不保留地传给他，他将会在黑暗的雪域点燃正法之明灯。去吧！为佛教和芸芸众生广做善事吧。"与上师话别后云游来到金山寺普拉哈日，继续学法传法。有一天，从雪域来的高足求见他，见面后知道他就是师父说的名叫"玛尔巴"的译师。那若巴首先给玛尔巴译师进行了喜金刚灌顶,然后传授了《喜金刚第二品》《金刚帐》等法,让他修习。之后又将《那若六法》《六平等法》《胜乐空行耳传成熟教言》《显密秘诀心要》等显密教法全部传给了玛尔巴。

那若巴大师用佛教密法和特殊功法治愈许多聋哑人、盲人、残疾人的病,使耳聋人听到人间声音,使哑巴开口说话,使盲人重见光明,使残疾人弃杖行走。那若巴还学会了几种幻身法,如分身法、空行法、夺舍法等。

那若巴·晋美札巴大师于藏历第一饶迥之金龙年(1040年)圆寂,享寿85岁。

克珠·琼波南觉
——香巴噶举派创始人

噶举派

克珠·琼波南觉,宋代西藏佛学家,为香巴噶举派创始人,于藏历金虎年(990年)生于西藏尼木热芒地方。琼波是族姓,父琼波达杰,是一位虔诚的苯教徒,母亲扎西吉。

克珠·琼波南觉一出生,就有一位印度大成就者阿摩嘎来到他家为婴儿作了吉祥预言。5岁时,他就向父亲讲说所作的预言。10岁时,即学会了梵、藏文拼写,开始学习《时轮法类》、测算等知识,也学习父亲所传的苯教法。13岁时在雍珠嘉哇处学习苯教法后,演说时能举出700部书名。此后从郡乃僧格上师学习大手印教法及大圆满心部法类。他对所学上述两法还持有疑惑态度,想要寻求一种见、修、行三者齐全的教法,因此来到拉萨堆隆和雪玛拉,拜南如哇为师求学大手印法。上师十分高兴地说:"我的弟子众多,但是没有一个能像琼波南觉这样理解我的全部教法的人。"这时他萌发了前往印度求学正法的念头。琼波南觉去印度深造的主意已定，携带了黄金和姨母赐给他的玉石等财物前往尼泊尔。到尼泊尔后拜见了班智达巴苏那玛底，从该师学习梵藏翻译，并求得灌顶法和续部修法约50种。之后，到印度东部拜见了班智达玛图巴扎热，经此师介绍与多杰丹巴上师相见。多杰丹巴是印度金刚座的高僧，给琼波南觉授了沙弥戒，起法名慈臣贡波。但是他的法名，除了上师香察达取的琼波南觉外，其他名讳皆没有流传下来。之后，先后从尊胜室利扎那、毗卢遮那合吉塔、克什米尔的贡巴瓦、香格多杰、弥年多杰、仁清多杰、空行母嘎那室利等师学到了多种密法。然后返回西藏，据说路上两次遇到匪徒，他用学到的法术将匪徒打败。回西藏后时隔不久，准备了一些求法的资财，再次去尼泊尔和印度的名刹那烂陀寺等佛教圣地求结法缘。经刻苦修习，据说琼波南觉先后见到本尊神空行母，并会见了护法神喜金刚幻化九尊、吉祥度母十三尊、八财马主、黑白依怙、四护持神、无量光佛、大威德十三尊以及智慧空行母两姊妹等众多天神，并聆听了本尊诸神的传法，在《汉藏史集》中还说："由四大天王、无热龙王、乾达婆王五髻者、雅拉香波山神、念青唐古拉山神为他作施主，他以幻变法调伏了危害一方的完钦等。"关于琼波南觉接受了多杰丹巴的多

噶举派

种密法灌顶，学习幻变法，听受天神的教言后，变成一位神通广大的瑜伽大士，用幻变法利益众生的奇迹和传说很多。如有一年，因天旱而发生大饥荒时，他显现了上午播种、下午收割的神通，使许多生灵免遭饥饿之苦。在印度他拜那若巴的弟子达钦波、苏玛底甘底、热玛巴那和岗嘎达的至尊母仁青拉毛等人为师，广学各种教法和佛教经典，又去拜见那若巴的明妃尼姑玛，献上黄金五百两，学到了"那若六法"教授，并听受了"幻身梦修灌顶法"。他从白比南觉师求学了《胜乐五尊法》《红白空行法类》《瑜伽六支》等许多教法，从班智达德卫多杰求得"阎曼德伽法类"，在若白多杰处求得"吉祥天女法类"。另外，又在喇嘛阿达雅班第等上师处聆习了许多教法后返回卫藏。

回藏后开采金矿，在尼木地方获得许多黄金。他又第三次去印度，在金刚座供奉黄金八十两，上师和众僧皆叹为稀有。他在尼泊尔、印度先后从师150多位，给每位上师奉献黄金为礼，从而学到了许多教法和显密经论。后来他回到阿里时，正好与阿底峡尊者相逢，得尊者传授《密集》等经论，并对自己携带的遭到损坏的梵文经典，依尊者的梵本进行修复，并请大译师仁钦桑波和达玛洛卓译成藏文，在雪域传播。

琼波南觉前半生三次（有说七次）赴尼泊尔、印度，走遍了各个佛教圣地,遍访名师,学到广大精深的许多密法,成为密宗的通达者。晚年,才在朗唐寺遇见了著名的噶当派高僧朗日唐巴·多杰僧格(1054~1123年),即拜比他年轻许多的朗日唐巴为师,受了比丘戒。此后,琼波南觉就兴建佛寺,招收僧徒,作了广大弘法利众的事业。他和弟子一起在彭域觉波山创建了羌嘎寺,他木羊年(1055年)到杰区的察隆,火猴年(1056年)到帕日峡扎,金牛年(1061年)到卓摩的多扎等地,数年中在后藏香地(今西藏自治区南木林县)共倡建以香相为主的寺庙108座,招收徒众8万余,为僧众讲经说法30余年。仅讲经而言,他首先总摄为讲、辩、修三种道次第而依次讲解,其中讲解的道次第,就是如理讲解根本经论、续及其续释。显乘是如理讲解四大宗派(有部、经部、唯识宗和中观宗),金刚乘是如理讲解四大续部。辩论的道次第,虽然也受学《因明七论》等晚期推理者的规理,但主要如前辈因明学家所共许的那样,是以四大因(指抉择中观正见四大因或四大理由,即:离一异因、破有无生因、破四句生因和缘起因)来确定三性,并将量也分成现量、比量和信许量三种进行答难。修习的道次第,就是将以共同与殊胜的要诀拢摄,宣说因位波罗蜜多乘和果位金刚乘的一切修持。所以,作为一位雪域出现的开宗导师,以其法门无边和建树无比而令所修学之人

噶举派

心服口服。后来他开创了香巴噶举派,僧众尊奉琼波南觉为香巴噶举派的创始人。他的门徒建甲寺和桑定寺,后又形成两个支系。宗喀巴大师曾从甲钦·坚赞本学过香派法要,他的首要弟子克珠杰·格勒白桑从梅钦·南喀那觉巴亦学习过甲派的香巴噶举法要。14、15世纪后,此派逐渐衰绝,历时约400年。

琼波南觉通晓梵藏翻译,其译著《丹珠尔》中译有《殊胜度母热久玛的秘诀修习法》《诗学家窦贝多杰的秘诀巴古班智达法要》等。

据说琼波南觉于藏历第二饶迥之土羊年(1139年)示现圆寂,享寿150岁。其生卒年又有公元978年至1127年之说,虚岁也是150岁。遗体火化时出现了许多五续部神佛、四天神等佛像,产生舍利子、右旋白螺等珍奇物,这些宝物同骨灰装入灵塔中供在香相寺。

玛尔巴·曲吉洛哲
——达波噶举派师祖

噶举派

玛尔巴·曲吉洛哲,意为"玛尔巴译师法慧",玛尔巴是其家族姓氏,本名曲吉洛哲。他是宋代一著名的藏族翻译大师,也是达波噶举①一大派别的师祖,于水鼠年(1012年)出生在西藏山南洛扎曲吉普白沙地方。玛尔巴·旺秀沃赛和嘉姆措(又名叫格丹吉)夫妻二人生有五子,曲吉洛哲为第三子,其家庭十分富有,田产较广,据说有三个庄园。

曲吉洛哲少年时心性顽劣,嗜好饮酒、打架,同他相处的小朋友皆非对手,疏而远之,为此乡人不太喜欢他。父母欲想使他秉性温和,遂于12岁时,送他到寺院学法,从师鲁杰巴勤学书法和藏文拼读。15岁到桂译师和卓弥·释迦益西译师处求法,从桂译师学习撰写文章;从卓弥译师学习声明论、梵文及翻译。又前后三次去印度、尼泊尔求学佛法。首次从家中带十五两黄金前往尼泊尔,从吉塔瓦学习《喜金刚吉祥四座》等密续。涉过毒水河到拉嘎恰扎地方,从益喜宁波听受支雅和乌巴的教法。在一个法会上听到有四个瑜伽士讲授幻化术时提到那若巴大师的尊号后,他油然而生起敬信,来到印度戒香寺,经请求,由那若巴的弟子喜饶森格带他到赛吉贡寺谒见那若巴上师。当时那若巴已去了东印度梅朵杰巴城(华庄严城)金山寺,玛尔巴又从戒香寺前往东印的金山寺,这时那若巴已得到德洛巴的授记,知道有一具缘弟子玛尔巴从雪域前来求法之事。师徒一见面十分高兴。玛尔巴向那若巴行顶足礼,献上会供与金曼荼罗等礼品求学佛法。当那若巴首先在九天坛城中,给玛尔巴授以喜金刚灌顶时,化作真曼荼罗后讲道:"灌顶当于本尊与上师,任一奉选。"玛尔巴回禀道:"此次愿请真实本尊。"于是那若巴便收摄曼荼罗于心间而授记,玛尔巴印证了诸根的外境智。此后来到布拉哈日山寺后,那若巴为他传授了《双喜金刚第二品》《金刚帐续》《三补止》等显密教经典的讲解语教、灌顶、要门等。之后方才传授了《那若六法》《六平等修持法》《胜乐空行耳传成熟教言》《显密秘诀要旨》等教法。玛尔巴请求那若巴传授甚深密法,那若巴上师让他去西印度班智达益希宁波处。玛尔巴遵师之命,又辗转去了西印度,找到这位上师的精舍后,献礼请求传法。这里班智达益希宁波给他传授了龙树传规的密集灌顶、本续

噶举派

解说和口诀等。后又返回到那若巴尊前，与迦湿弥罗大班智达贾那阿迦悉地者一起请求，那若巴给他二人传授了灌顶、本续解说和口诀等。后又遵师命到南印度毒海洲找名为希瓦桑布的大班智达，他找到希瓦桑布上师后，奉献会供与金曼荼罗后请求传法，上师给他传授了《玛哈摩耶本续》的解说、灌顶、修法和三瑜伽等一切口诀。他将手置于玛尔巴头顶加持后，说道："回去吧，途中不会遇难，且能速行。"据说他身穿布衣轻如絮，仅3天就又回到了达布拉哈日寺，拜见了那若巴上师，这次那若巴上师仅讲了些比以前更深广的法外，再无别的法传授。又让玛尔巴到一处寒林同三位守持律仪的瑜伽师一起修持密法半个多月。在这里他与古日上师相遇，经请求，上师给他授了玛哈玛亚灌顶，将密续释的诀窍全部传授给了他，为他取密号为德维多杰，意译为"喜乐金刚"。之后玛尔巴又回到那若巴上师身边继续学法。那若巴让他去向梅智巴学法，玛尔巴遵师命到处寻访梅智巴，后来在寒林中终于找到梅智巴大师，梅智巴给他授了密宗灌顶，讲授了《名称经》、朵哈法和大手印等密法。又给他起密宗法名为图吉多杰，译言"意金刚"，经修持后出现了虚空般的证悟。又向扎格麻曲绛上师求学了四座法。求学佛法后仍回到那若巴上师那里，上师对他作了加持后让他回雪域传播佛法。他辞别上师去了尼泊尔南部的吉祥山寺，在那里拜见了婆罗门萨哈热大师，在大师处聆习了《四字经》，大师给他授了身、语、意之灌顶，获得了修证。

玛尔巴从印度、尼泊尔返藏后，29岁时，在自己的家乡建成了卓沃隆寺，寺院就在他出生地的对面。之后在藏北一带为一些富人的孩子治病，获得了一些黄金，约半年后又经尼泊尔去了印度，这时那若巴外出云游，他克服种种困难，到处寻访，功夫不负有心人，最后在密林深处见到了上师，从上师学习了尚未学到的显密经论和教法。旋即到印度东方和南方一带，同许多对医方明学术有成就的名士相会，向他们求学了许多医学知识，又从一些瑜伽师和瑜伽母认真求学了许多瑜伽教授法。之后又到那若巴上师尊前，听受了"甚深六法教言""耳传如意宝""密集喜金刚""金刚四座大幻化续心要教导""修心教导"等密法。上师对他说："徒儿，你有教化吐蕃众生的业缘，你的后裔将像花朵开遍各地，你的弟子将像江河长流。你以后会获得殊胜成就，你的弟子有七代将受到我的护持。他们也将会获得殊胜成就。"说毕，任命他掌管教法。玛尔巴先后三次赴印度广参名师修学显密教法，在印度、尼泊尔住了7年，往返用了5年，共12年。

这时玛尔巴年届42岁，已是一位精通经论和有极高

噶举派

密宗成就的高僧了。回家后，娶达麦玛（无我母）为妻，一年后生下长子达玛多德巴。过了几年又筹集黄金前去印度，上师那若巴已圆寂。那若巴的弟子格慈喜饶森格将上师留下的金刚铃杵、喜金刚画像、胜乐、喜金刚、密集方面的本续经典等遗物赠送给玛尔巴。他携带上师留给他的珍贵遗物，到东印拜会梅智巴上师，献上黄金等礼品，在上师处闻习了许多密续教法，修"大手印法"而生起现证通达，噶举派的大手印法即源于此。继之他再度到尼泊尔，在许多高僧大德尊前听受了一些教法后返回西藏，定居于洛扎卓沃隆，还修建了九层四角的洛扎加沃城堡。其实这个城堡是米拉日巴为求学佛法而给玛尔巴做苦役修建起来的，藏语称色喀苟托，译言"九层公子碉楼"，在今西藏自治区洛扎县拉康宗西北。玛尔巴有七个儿子，他们一面从事种田和经商，一面又收徒讲经传法，培养了许多弟子。其中著名的有四柱弟子，他们是：精通密续、继承教诫传承的俄敦却古多杰，擅长颇瓦功的次敦昂德，继承光净传承的梅冬村波，精于闻思修的米拉日巴；加上羌塘地方的玛尔巴、果雅、杰普格西·珞迦觉色、哲麦乌琼、吉敦·迦杰、哇让贝哇坚、徐官贝里统称为"十大弟子"，后来他们各自发展，形成噶举大派。

玛尔巴译师虽没有受戒出家，但他一生三次赴尼泊尔、印度，来回背着行李穿过毒蛇林、沙漠、毒水河，经历无数艰难，先后拜112位上师广求佛法，坚韧不拔地学法、传法、修持，佛学成就巨大。他回藏时带回许多密宗经典，译成藏文。还译有《甘珠尔》和《丹珠尔》两部大藏经的部分内容，主要有《会供轮仪轨》《密集耳传之耳传·如意珍宝》《佛学一切密法大瑜伽密续之王》《对瑜伽父和瑜伽母关于非共同之义的教言》等。他被称为古代西藏七大译师之一。玛尔巴的112位上师中，传承上师50位，幻化大师13位（也有结缘法师13位之说），殊胜成就师5位，无与伦比的有那若巴和梅智巴两位。他向这些殊胜成就师学会了夺舍法（迷信所说使自己的灵魂进入别人或动物尸体而复活的一种法术）和幻变法。据说他一生运用过一百次夺舍法，使死去的人或动物复生；运用过无数次的幻变法，为众生做了许多善事。他在印度学习密法，从那若巴、弥勒巴得到四人语旨传承。回藏后在洛扎卓沃隆地方建寺，弘传语旨教授。语旨传承在藏语中称"噶举"，由此传出噶举派，起初称玛巴噶举，与香巴噶举并存，至其再传弟子达波拉杰时更为强盛的一大教派，因于金牛年（1121年）在达拉干波地方建干波寺，遂统称为"达波噶举"，故将玛尔巴尊奉为该派祖师。

玛尔巴·曲吉洛哲于藏历第二饶迥之火牛年（1097年）

噶举派

十二月十五日圆寂，享寿 86 岁。

在众多高僧大德中，玛尔巴的圆寂十分奇特。据《达隆佛教史》载，大师结跏趺正襟危坐，其妻无我母首先化成一团白光，进入上师心窝处后，玛尔巴上师的一小块天灵盖突然飞起空中十米多，然后落到地上，这块天灵盖上有舍利组成的喜金刚五佛像。大师头顶有如明月的白光升入虚空消失。火化时出现了许多舍利子，其弟子俄敦却古多杰连骨灰和舍利子迎请到银制灵塔中安奉。

注：

①达波噶举：经玛尔巴、米拉日巴、达波拉杰师徒三代传出。此派的教义必须通过口耳相传，多由师长用语言亲自传授，再由门徒们继承下来，这样相沿袭而成宗风。后人称噶举派主要指的是达波噶举。此派以修习密宗"大手印"而著称于世。

至尊·米拉日巴

——噶举派著名苦行僧

噶举派

至尊·米拉日巴,本名倪巴嘎,意为"闻喜",宋代西藏著名佛学家、苦行僧,是玛尔巴大师的亲炙弟子,为噶举派第二代大师,修行和佛学造诣高深,兼善诗歌。

至尊·米拉日巴家居后藏阿里贡塘地方,族姓为琼波,米拉是其族姓的别名。其先辈于嘉区创建家园,因赌博失败而远遁他方,来到拉堆贡塘下部的甲额扎果绒地方安家落户,传衍子嗣。生有米拉喜饶坚赞和雍喜二人。米拉喜饶坚赞和娘萨嘎金夫妇生有一男一女,男的就是米拉日巴,出生于藏历第一饶迥之金龙年(1040年),父亲听得生了一子,心生喜悦,故取幼名倪巴嘎,意为"闻喜"。后来生了一个女孩,取名贝达。

米拉日巴7岁时父亲去世,母亲芳龄24岁,年轻秀丽,伯父强命米拉日巴的母亲与他的儿子成婚。因辈分不同,母亲执意不允,伯父不高兴而侵吞了他家所有财物,并将他母子三人赶出家门。一家人相依为命，过着极其贫困的悲惨生活。就在这种情况下，母亲省吃俭用，将他送到鲁杰巴教师那里学习文化和手艺。有一次米拉日巴和教读师鲁杰巴一起在一个喜宴上饮酒后，唱着歌回家，母亲见此情景十分生气，哭着斥责道："你父亲米拉喜饶坚赞怎么生了你这样一个不孝劣子，我们家过着如此贫寒的生活，你还有心喝酒唱歌？现在应该去寻访一位精通诅咒的法师，学会诅咒来为你父报仇雪恨才是。"米拉日巴也伤心地说："那么，我就决定按照母亲的嘱咐去做。"于是母亲量力备了一些财物和一匹马，送米拉日巴出行访师学法。

米拉日巴历尽艰险，辗转在荒野上，逢人就问何人通晓诅咒法术。后来听人们说雅隆地区有位雍敦绰嘉的咒师学有大咒术，便到那里找到这位咒师，献上见面礼说道："我是从上区贡塘地方来，只带一点薄礼前来求师，专学诅咒法术。"咒师问他为何而学此法，米拉日巴将家中发生之事一五一十地告诉了咒师。咒师又派人去米拉日巴的家乡调查他说的话是否真实，调查人回来说他没有讲半点妄语，完全属实，咒师才答应给他传授。和米拉日巴一块来学诅咒的有五人，学了一年时间，其实学到的只是诅咒的枝末，学完后其他学友皆满足而去。米拉日巴送走学友，仍回到师尊处。咒师说："你为何不走？"米拉日巴说："他们只为温饱而来

噶举派

学诅咒的，我是有坚定的承诺，不把诅咒法术真正学到手，决不会走的。"咒师无奈，给米拉日巴一些资具和一封信，内容大意是：我有个可怜的门徒，请你给他传授一种真实不虚的诅咒，命他好好学习。就这样，米拉日巴被介绍到了章绒地区的拉杰努琼·云丹嘉措尊前。拉杰努琼让他闭关修习，问他能否做到？回答道："能做到。"米拉日巴于是修造了一间简陋的茅草屋，开始修学，苦修了一段时间后，开始出现正确的诅咒证相。恰在此时，他的伯父雍喜给儿子娶妻，正在结婚喜宴之时，房屋突然坍塌，压死35人，仅留伯父伯母未死。据说，这是米拉日巴试用诅咒法术咒杀的。米拉日巴在拉杰努琼师前学习了许多幻变法术，而后又回到雍敦前师那里，在碉房内的土窟中闭关修习降雹法。学成后，到家乡附近的山上，用降雹法毁坏了对他母子二人有恶行的伯父和乡人的庄稼。此时此刻米拉日巴心悟道：我造下了恶业，悔恨莫及，决心改邪归正，弃恶扬善，皈依佛法。

自此米拉日巴开始转向信奉佛法，拜访名师学习佛教显密经典。他拜访求学的首位师长是噶玛噶举派的绒敦·拉嘎，虽从拉嘎师求学了大圆满教法，但照此修习后未能生起成相。拉嘎说："你应前往妥普曲切（即指洛扎）玛尔巴大师尊前求学佛法才是。"米拉日巴一闻师名，顿生敬仰之念，十分欢喜。收拾行李辞别拉嘎师长来到曲切城。玛尔巴当晚做了一个梦，梦见他的上师那若巴亲临，将一个吠琉璃做成的稍有污垢的金刚杵和一只盛满甘露的金瓶恩施予他后道："拿此瓶水，涤此金刚杵之垢。"玛尔巴遵法旨奉行，故见金刚杵光照遍赡部洲。与此同时，无我母玛尔巴夫人也做了一个奇梦，梦中自称是从乌仗那来的两位女人，手拿一座水晶塔，塔身也稍有不净之物，洗净后送往山顶，众人都在敬礼供养。此塔放射光芒，明同日月，并放出无数同样形状的塔。遍满山顶的香灯师，皆由妇女为之。翌日清晨，无我母将自己的奇梦告诉了玛尔巴，上师听后心生欢喜，但为不生我慢，便装作去耕地的样子前去迎接。38岁的米拉日巴一见师面，心情豁然开朗，顿生喜悦，禀告了原委。上师玛尔巴先安排了引见诸事，命他耕种此田，饮此酒。米拉遵旨耕田，完成了头一道旨命，饮尽了余酒。玛尔巴也知道米拉日巴是一位很有根器的具缘弟子，但开始并不传授佛教经论，也不让他修习教法。而只让他在四周山坡上修筑碉房和做许多耕种之类的苦差事。他遵师命，不分春夏秋冬，经常从山下背负石块到山上修建碉房，久而久之背部被磨破而流血化脓，疼痛难忍，但他为了求得佛法，修成正果，忍痛负重，勤劳不已，毫无怨言。在此期间，有俄、麦、楚三位大人物前来求授灌顶，玛尔巴为他们传授灌顶时，米拉日巴请求上师恩准参加灌顶，上师不但不允，不给他传授，有时还让他挨打受

噶举派

骂,只让他做苦工。师母(无我母)见此情景,实在于心不忍,便将那若巴的珍贵加持物一颗红宝石悄悄送给米拉日巴作觐见礼物,命他到楚峨师那里去,并附寄一封信说:"由于上师(玛尔巴)事务繁忙,请你务必将诸法传授给米拉日巴。"于是米拉日巴来到洋日峨。楚峨说:"我的牲畜被雅莫哇等人劫去,你如答应先用降雹法替我报复,我就传法于你。"米拉日巴清楚地意识到这又是一大罪过,由于他求法心切,在无可奈何的情况下,只好依言行事。楚峨才将方便道中诸教授传给米拉日巴,又命他住洞中闭关静修。此时米拉日巴执意皈依佛法,不再杀生作恶,很快又回到玛尔巴上师尊前。玛尔巴对米拉日巴说:"我知道你还会回来,我并非不传法于你,知道你是具缘弟子,只因为你造孽太深,我首先使你入于折磨苦行以净治。"答应从此开始给他传授佛法,但有一个条件就是让他继续修建尚未完工的碉房,每修一层,即传一种口诀教言,作一次灌顶。原已修至三层,还需修六层。当他修到第五层时,上师教给他密法,传密宗灌顶,修到第六层时他就见到了本尊神。他凭自己的信念和坚持不懈的毅力,圆满完成了九层的任务,这座古碉堡成了当地的名胜古迹,至今矗立在山南洛扎县境内。直到此时,玛尔巴才为米拉日巴披剃更衣,按那若巴上师的授记,为他取法名多杰坚赞。上师为米拉日巴传授了近事、菩萨戒的律仪,为内供颁器行了厌胜加持，大家都亲眼看见内供沸腾着五色光。将此首先供养了上师本尊，次为玛尔巴上师自用，最后给了米拉日巴，他一饮而尽。于是上师道："缘起甚好，密乘能成熟的灌顶，将从明后天起次第传授。"这时米拉日巴激动地心想：我是不是在梦中？若是梦，不醒该多好啊！他又喜极啼哭地顶礼膜拜，高兴地享用了会供。此后玛尔巴上师才依次给他传授了许多密集法，让他在胜乐六十二坛城中接受胜乐密法大灌顶，取密宗法号吉祥协白多杰，译言"吉祥喜笑金刚"，后来他的全称就是米拉·协白多杰，简称"米拉日巴"。继之又传给他密续教言、口诀实践法和大手印修法。由于师母为他向玛尔巴祈请，他以诚信得到上师的喜爱，遂将《欢喜金刚》《玛哈摩耶》《金刚四座》《佛顶经》和《密集》等及其注释续、灌顶、修法和展示二次第究竟要义理法类与和合往生法要的结合做了当面示范指导，上师命他在洛扎达聂岩洞修行。米拉日巴经过11个月的潜心修持后，向上师呈述了所获得的证解，上师听后甚喜。接着照此继续修行，一夜米拉梦见一位身着绸衣、骨饰严饰的青绿色女人对他道："儿呀，你长时修行，只有成佛的《大手印法》和《六法》的教授，但以一念修习便可成佛的往生夺舍教授尚未得到，你应当求教。"言毕隐逝而去。米拉日巴醒后思道：这是空行母的授记还是梦魅？便即刻起

噶举派

身到师尊前将所做梦如实相告。而上师亦曾为空行母的示意所策励，想去参见那若巴上师，由师来破解。上师临行前不但把所有教法传给他，还为他作了很多加持，玛尔巴最后一次去尼泊尔、印度拜见上师时，上师已外出修行，玛尔巴心想我应不惜生命去寻求，经过祈祷和寻访终于见到了上师。于布拉哈日山寺，请教往生夺舍的教授。那若巴上师问道："这是你自己想起的呢，还是得到了授记？"回答道："这不是我自己所想的，也不是我得到的授记，我有一个弟子名叫闻喜，是他获得了空行母的授记，所以我来求教，望师不吝赐教。"上师那若巴听后说道："奇哉！于藏地黑暗之洲，亦有士夫如雪山日出。"言毕，双手合十于顶颂道："北方黑暗地，如日升雪山，名为倪巴嘎，敬礼此士夫。"唪颂毕，闭目俯首三次。传说因此印度的众山头与草木亦皆向藏地方向垂着头，似在顶礼。时至今日布拉哈日山寺的山头与山上的树木都向卫藏方向垂着头。米拉日巴又在玛尔巴上师处闻法修法，上师设置了曼荼罗，师母陈设了供养后，上师圆满传授了空行母耳传的成熟道灌顶和解脱道教授等不向他人公开的密法，指示他去拉堆地方进行修持，将会获得极大成就。他在玛尔巴上师处先后学法修行7年。

　　这时年已45岁的米拉日巴夜间总是梦见家乡、母亲和妹妹，醒后心神不安，决意回家探亲。向上师说明了情况，得到上师允准，临行前，上师吩咐道："你的正修供养和毅力，我是满意的。所以应当发起精进，竖起实修的胜幢。我已为你将诸法指点为如幻，所以应当如是修习。你要依止诸荒山、雪岭和林间静地，苦心修持。拉堆杰地的室利山，是印度的诸大成就者所加持过的山，你应当在那里修习；冈底斯山冈仁波齐是佛授记的雪山和总提轮的宫殿，你应当前去修行；拉齐雪岭是二十四境之一的敦达瓦日山，你应当在那里修行；芒域的边巴山和尼泊尔国内的莫康热（是噶举派的圣山），是《华严经》中所授记的灵山；阿里境内的秋瓦山是空行母所居聚集的圣地，你也应当去修行……"如此交付了义传的教法。又将一用漆封了的秘示纸卷交于米拉日巴后道："此纸卷不到万不得已之时不能开启。"米拉日巴一一铭记于心，双手合十于顶，祈祷后起身前往后藏贡塘。谁知回家一看，慈母已去世，妹妹流落异乡乞讨，家中房塌墙倒，破旧不堪，田地荒芜，悲愤之下，产生了强烈的出离心，米拉日巴就来到岗楚山洞，靠化缘度日修行。后到白岩马齿洞中隐迹修行，口粮断了，下山化缘，前三年以所化糌粑度日，潜心修持。后六年什么都没有，他身裹白棉布单衣，以采食荨麻（一种带毛刺的野菜）度日，天长日久，白棉单衣破烂无法再用，就用麻草编织成片，连在一起披在身上，用草绳当腰带，身瘦如柴，肤

噶举派

色由白变黄，由黄变绿，变成似人非人的模样。有时进山打猎的人给他一点糌粑和肉食。一次在外乡讨饭的妹妹打听到他的住处，带上讨来的食物来见他，只见他赤身裸体，羞得妹妹不敢正眼看他，哭得死去活来，之后妹妹怪他道："看你把自己弄成这个模样，成何体统。"他答道："我这不是很好嘛，母亲生下我后本来就是这个样子，有什么不成体统的。"妹妹贝达伤心地放下口粮下山去了。又从人家讨要了一块氆氇来到白岩马齿洞，让哥哥用这块氆氇系在腰间，当围裙遮住下身。米拉日巴虽然过着如此清苦的生活，但修炼密法锲而不舍，他先后在上师所指定的几座神山岩洞中苦修，断绝尘缘，在拉齐雪山（今之珠穆朗玛峰）宗周等处修行苦行。在今西藏自治区日喀则之吉隆县境内有三个米拉日巴大师的修行洞，洞内有大师的石雕像和壁画。米拉日巴在深山岩洞中苦修9年未获得大的证悟，仍不懈修持。这时，他拿出上师交给的纸卷启开一看，悟得真实性的智慧，终于在半个月中得到各种证悟。

他在琼隆、拉齐、曲桑、森布巴等地修炼时遇到魔障三次作祟，但他还是完成了离戏论之瑜伽行。每遇到一次违碍，就得到一次增益，最后终于即身证得最胜悉地[①]。传说他在拉齐雪山一带修炼时，收服了神话中传说的住在珠峰山顶的长寿五姐妹。曾有印度的达玛巴拉和丹巴甲嘎等修行者前来与他比试神通。见米拉日巴凭借风息②自在功而起于空中，并在空中自由行走，他们对吐蕃有这样高深功法的大成就瑜伽士而惊叹不已，并拜他为师学法。

米拉日巴获得最胜成就后下山，遍游西藏各地，以道情歌形式传播佛法，广收门徒。他的众多弟子中有男女瑜伽士千人，获得拙火定温乐法的有108人，得到一般证悟的有100人，获得成就的有25人，如耀眼星辰般的有恩宗东巴·香曲杰波、热巴喜瓦沃等23人，如月亮一样的热琼巴，如太阳一样的达波拉杰等等。

在当时著述论说之事尚不盛行之时，他根据需要撰述了《胜乐轮续释》《生圆要门笔记》《中观正诠》等论典，他的著作最有名的属《米拉道情歌集》。后由桑杰坚赞编成《米拉日巴道歌集》，1981年由青海民族出版社出版，有汉译本和英译本。米拉日巴成就大师，一生孜孜不倦地实修苦修，他的这种坚韧不拔的精神，对于一些贪求五欲和人生者，堪为楷模；对于那些安于散逸者，为专心修习的楷模；对于那些怀疑即身成佛之妙法，而不愿实行深奥修行的修习者，当为成功的范例。米拉日巴在藏族人民中间有广泛的影响，是藏传佛教史上一位重要人物。最后他将道统大宝的全部教法交付于岗波巴后，于藏历第二饶迥之水兔年（1123年）便逝往东方现量佛土，享寿84岁。据说他在心

噶举派

地纯洁的弟子心目中未发现他的遗骸；在中等弟子的心目中他化作了水晶塔，或看到他骑着狮子，被空行母迎请而去；平庸者则见到他在甄地和秋瓦两地有两具遗骸。

注：

①悉地：为梵文音译，意为"成就"。佛教徒所说修习诀窍获得的如意妙果。

②风息：密乘所说体内风、明点、脉三者中之风息，遍布体内一切脉道，五大种为性，不裂不灭，诸分具足，其性动故，说名为风。

达波拉杰·索南仁清
—— 米拉日巴大弟子

噶举派

达波拉杰·索南仁清,意译为"达波神医福宝",又名岗波杰,宋代西藏著名佛学家兼医学家,继承玛尔巴和米拉日巴一派噶举传承,阐发弘扬达波噶举体系的一代大师,也是岗波寺的创建者。

藏历第一饶迥之土羊年(1079年)达波拉杰诞生在西藏南部达布地区的涅地方(今西藏自治区山南隆子县境内),属尼氏家族。父尼哇·桑吉嘉波,母亲喜饶姆萨·才金,生有三子,索南仁清系次子,幼时起名达玛扎,昵称宁波贡嘎。5岁时他跟父亲学习藏文拼读书写,又依止印度智者杰买(无生)等师,学习书法、声明和历算等学科。7岁开始学医,先从其父学习药理基础知识,后从印度医生杰买、后藏神医乌司、尼泊尔医师比吉曼云等名医学习医术和医疗知识。之后他向嘉其坦的十三位削发僧医精研医学达十三年,皆达到善巧精通,以精通医理医道而驰名,遂有达波拉杰（达波神医）之称。他擅长医术，对治疗各种中毒性病症有独到之术。

他爱好广泛，不仅精通藏医学，还向宁玛派上师巴惹学习宁玛派教法，从侠尔瓦·云丹扎巴（1070~1141年）学习噶当派《菩提道炬论》《宝性论》等诸多甚深教授后，彻底闻思。16岁时，娶钦·觉色达玛沃之女为妻，后生一子一女。他自己虽是名医，然而两个孩子突发重病未来得及抢救而夭逝。他26岁时，爱妻生病，经全力治疗无效而离开人世。妻子和孩子都离他而去，他孤独一人，心中十分懊丧，厌倦世俗，遂产生了出离心，将家业全部舍弃后，来到达布地方，决心皈依佛门。是年，由格西俄·洛丹喜饶任亲教师，香雄巴·喜饶宁布任戒律师，益西德·强秀森巴任屏教师，在僧伽足数之前一次性完成出家，受沙弥、比丘戒，为他取法号索南仁清。他从亲教师和轨范师彻底闻习了《律经根本律》等《毗奈耶藏》的一切经义外，以《别解脱律仪》的学处来约缚相续。后在达波下区，他从玛玉罗丹闻习了"胜乐"和"大宝六庄严母"等许多法类。28岁，他与贡敦结伴到乌如（今西藏山南一带）北部，从牛绒巴·宗哲坚赞、夏域哇钦波·循努沃、久日贡喀哇诸师学习了《入行论》《中观理聚论》和《慈氏诸论》等噶当派经典教授，从甲都哇增巴听受《三摩地王经》《五部地论》《摄大乘论》等显教法类的

噶举派

诸多经典,并以如理闻思彼等的义理之门。于《道次第》修心后,他成为多闻大智者,从格西嘉云丹听受了阿底峡噶当派的全部教授,依止上师三年,主要修习了《道次第》,因此心生《道次第》证语,由于请授了持钺护法的灌顶与要门,所以得见护法圣容,并出现了证得《十地经》与《金光明经》等所讲的十地预兆与无量的奇异体验和梦境。他又拜轨范师绛曲散华为师,研习修行教授和禅定诀窍,仅修十三日即获得生起不移三摩地①,还梦见获得十地成就。

当达波拉杰回到家乡色琼拉康静修时,附近有三个行乞的人,其中一人说:"如果有一大团糌粑团和一碗佐食菜能吃,该多好啊。"又一乞丐说:"发愿当愿如孜德王那样。"一个老乞丐说:"孜德也会死去,是我自愿则愿如米拉日巴,身不需穿衣,生计由空行奉献,在虚空中如鸟一般飞来飞去,若如彼无生死畏惧,该多好!"于是达波拉杰从三名乞丐那里听到米拉日巴的声名,心中生起敬仰,他请了一名乞丐当向导,到了冲堆地方,乞丐懒得再往前走,他只好自己前去寻访。遇见至尊米拉日巴端坐在一磐石之上,当他献上一小块黄金和一包茶叶,请求拜师学法时,至尊说:"黄金与我无缘,我不收,我也没有熬茶的灶具,茶叶也还给你吧,我可以授法予你。"接着至尊唱了一首接待他的道歌:"若想真心修正法,勿喜今世思来世;修道诸若当甘受,你欲住持噶举座；不依名言信胜义，比丘你心如是记。"

他立即请教上师以前修法的经验，至尊笑了，说："沙子榨不出油来，油菜籽才能榨出油。"此后便渐次传授了吉祥胜乐轮的灌顶，并以金刚瑜伽母之门而加持之，示导了和合与往生法要的结合法。他由于修习了此法，不久便出现了脉风的暖相。总之，至尊米拉日巴如瓶满之状地传授了一切灌顶、传承和教授，他修习六年后亲见了殊胜证悟显现的记别、药师佛七昆仲和圆满报身的许多刹土等。又教给他方便道②修行，之后又依次传给他口诀，他修持7天后，体内自然生起拙火定，并有特别的应验和体会，又得传一种亥母加持法，他依上师所传教授而修生起了无边证相。不久以后，他就见到化身和报身，并得到不久将见到法身的预言。达波拉杰在至尊米拉日巴处专修了6年，学到了许多密宗教授。上师米拉日巴命令道："现在回前藏修行去吧！"又以道情歌道："彼处有你的成器化机，当去彼处成办利生事业。"临行时还嘱咐道："暂有预见的险关，故当于彼谨慎。"言毕师徒二人施礼分别。达波拉杰遵师命返回前藏，到桑日沃喀地区的沃德贡杰雪山专修时，他与施主结成供施，按师之意，又来到塔拉岗布，依师之授记，在这里修证了6年，心生殊胜验证，出现了"大手印"证悟。

在岗布修持期间，由俄色贡杰的儿子达拉干岗波担任

噶举派

施主,于金牛年(1121年)修建了达拉岗波寺(又译作干波寺),成为弘扬达波噶举派教法的道场。他在该寺住修了30年之久,一面治理寺院,制定寺规,设置僧官,一面收徒讲经传法,广转法轮。他"岗波哇"的称号也由此而来。他在寺内修习各种禅定,获得了许多先知神通,境心融合,自在圆满,获得彻悟。据说他在干波桑隆地方,果然如上师米拉日巴所作的预言那样获得对法性真谛的理解,因此他诚信米拉日巴是佛菩萨的化身。

达波拉杰精通佛学,能讲说许多教授,其中以"甘丹"和"大手印"两种法流相融合而著称,他教授时视徒众机宜分别传授"方便道"或"大手印"。他将玛尔巴和米拉日巴传承的玛巴噶举进行大力阐发弘扬,增益教法教义内容,开创一代噶举派教法新宗风,以达拉岗波寺为弘传道场发展起来的教法传承称为达波噶举。后来达波噶举教法不但在卫藏、康区、安多、蒙古、云南等地广为弘传,而且传播到印度、尼泊尔、不丹、锡金等一些周边国家和地区。达波拉杰的美誉随之传遍这些地区。

达波拉杰的著作有教法、经论、传记、医药、问答、道情等约40种。其著有《胜道宝鬘论》《大手印教授论》《俱生和合指导论》《会传广论》《圣法解脱道庄严论》《贡波修法》《噶当教法次第论》《达波拉杰自传·胜宝庄严》《德洛巴和那若巴传记》《玛尔巴和米拉日巴传》《拉杰语言耳传·明鉴》《达波拾零集》等。他的医学论著和医学成就，在藏医学家杜玛格西·丹增彭措著的《无垢晶鬘》和《深明精要》两部医著中多有记载。他的著名弟子有：干波次诚宁布、萨东雪干、康端·帕摩竹巴、噶玛·德松钦巴、巴戎·达玛旺秀、采巴·祥·尊哲扎巴等。

示寂前，对众弟子道："现我不久于世，此身之所化已圆满，你们如还有希求之法，快来问吧！"作了许多教诫和教诲，并祈祷和授职高徒贡巴·慈臣宁波为自己的法座继任者后，于藏历第三饶迥之水鸡年（1153年）六月十五日上午圆寂，享年75岁。当时天宫霞光遍放，华盖、宝幢和飞幡等吉祥之物显现，花雨缤纷，出现虚空响起优美的乐声、百鸟齐鸣、大地颤动等稀有之兆。第三天早晨，诸弟子用香水遍洗遗体后，穿给法衣，奉安于宝座上，供以丰盛的供养而火化，将所出现的舍利等圣物供奉。

注：

①三摩地：为梵语，藏语"当额增"，意为禅定。指佛教徒通过精神集中，观想特定对象而获得佛教悟解或功德的一种思维修习活动。

②方便道：为最高密法，是修习风脉的法门。密宗的双身修法也称方便道。源于古印度密教传承，后传入西藏，为藏传佛教密宗所持有的法门。

热琼巴·多杰札巴
——米拉日巴嫡传弟子

藏传佛教五大教派名僧传

　　热琼巴·多杰札巴,于藏历第一饶迥之木鼠年(1084年)诞生在后藏贡塘地方。其父早年逝世,母亲转房给他叔父,他便成了叔父的仆役。少年时即善于诵经,每以为俗家诵经的报酬供奉给母亲和叔父,以取得他们的欢心。10岁时,恰好是至尊米拉日巴闭关修炼9年圆满时的水鸡年(1093年),热琼巴在贡塘的山谷中与云游传教的至尊米拉日巴相见,当即在米拉日巴尊前献上礼品,为此母亲与叔父对米拉日巴和他皆心生不悦。虽如此,热琼巴坚意跟米拉日巴学法。米拉日巴就收他为徒,命其修脐轮火,获得增益。当热琼巴从米拉日巴修习时,突然于15岁那年患了麻风病,不得不离开师尊而到深山里的一间空屋中独居。那时正好来了三位印度游方僧,对热琼巴生起怜悯之心,将他带到印度。他在上师拔拉真扎座前聆听了传授的"威猛鹏裙本尊法"。上师命他反复诵修,不久麻风病痊愈。后来热琼巴

噶举派

到尼泊尔,从师阿都那达侠闻习胜乐等一些密续经后,仍回到米拉日巴那里。米拉日巴对他说:"印度的所有无身空行母之法,有九种法门,我从至尊玛尔巴所传语教中仅得其中五种,现在你应去印度完全求得九种全备之法。"热琼巴遵师之命,起身来到印度,在那若巴和梅智两师的嫡传弟子底普巴和玛吉珠杰等师处学完无身空行九法①,此外还向玛吉智贝嘉姆学习了"无量寿佛的内外密三种自性修习法""马头明王密咒"等,然后返回西藏,将学到的九门法门传给米拉日巴。米拉日巴又将此法传授于仲敦巴,仲敦巴复著出此种法门论本,由此发展成名为"胜乐耳传"②之法。由热琼巴自己发展而出者,称"热琼耳传"。就这样热琼巴从至尊米拉日巴获得殊胜通达。

热琼巴要求云游修炼,经师尊允准,他便来到却嘎地区,做了一些利益弟子的事业,在此地住了5年。此后前往前藏,来到乌如③北方和尼泊尔来藏的阿苏大师相见。在那里他一边跟阿苏大师学法,一边到处化缘,用来作阿苏大师的供养。尔后他云游藏区南北各地,居住在年和洛若地方最久,广收门徒,做了许多有益于广大民众的事业,并讲述道情(一种修行者的歌)多种及米拉日巴的生平事迹。在山南乃东境内建有热琼巴修行洞,后扩建成为一座寺院,其规模较大。

他于藏历第二饶迥之金蛇年（1161年）圆寂，享寿78岁。他的往生修法十分有名，归纳起来有九法：贪欲和合大乐修脐火、嗔恨和合无实修幻身、愚痴和合无分别修光明、幻身和合脐火昼间修、光明和合梦境夜间修、中阴和合往生死时修、精勤者修脐火、懈怠者修梦境和短寿者修和合往生。

其著名弟子有：洛嘉果瓦、藏巴热松、乌沃贝协昂、喇嘛廓木却、罗若木纳哇·松果却达、布果那布、拉堆·桑日热巴、枳贡东珠等十三位。

注：

①无身空行九法：智慧空行以无形语教授给印度大成就者德洛巴喜饶桑波的教法有：1. 成熟解脱心之花结；2. 修习水中之剑；3. 誓言自心境；4. 法器证悟之太阳；5. 平持总镜；6. 极乐语宝；7. 风脉网论；8. 大手印解脱；9. 聪慧明灯。

②胜乐耳传：胜乐是指出现证大乐智道果次第之无上母续及本尊名；耳传，即历代上师辗转附耳亲传的诀窍，这里指米拉日巴和热琼巴所传无身空行母之法名。

③乌如：亦写作邬如，以拉萨为中心，东至桑日县境，南至马拉山脉，西至尼木，北至达孜宗沿河一带地区之古名。

帕摩竹巴·多杰嘉波

——帕竹噶举派创始人

藏传佛教五大教派名僧传

帕摩竹巴·多杰嘉波,意为"金刚王",又名绛曲坚赞。藏传佛教帕竹噶举①创始人。藏历第二饶迥之金虎年(1110年)诞生在多康(康区的金沙江畔)直隆乃雪吉达俄沙康地方。其族姓为达维那,父亲是密咒瑜伽行者宗巴巴昭,母亲宗茂仁青吉,兄弟五人中他为长子,与宁玛派高僧嘎·丹巴德西是同胞兄弟。

据传说,帕摩竹巴两岁时,自然地能萌生起前生的住地,见一幼童在嬉戏放逸时,他想我若是这样做应当悲痛,遂生起了大悲之心。3岁时,他在母亲怀中遗尿,表现出难以掩饰的羞愧心。7岁时,复能回忆起宿世生处,还能忆念在迦叶佛②的教法住世时,他曾生为猴子等事迹。后来父母给他吃了疮伤肉食,宿念不再复现。幼时父母俱亡,他是由叔父抚养大的。9岁时,从夏祁拉康的堪布次臣巴瓦和阿阇黎隆德·沃赛嘉措二师出家为僧,起法名多杰嘉波。

噶举派

童年的帕摩竹巴非常聪明，文字与绘画一学即会。有一次堪布正在新制一部"银书（用银粉书写的书）"——《十万般若波罗蜜多经》，帕摩竹巴主动为制经服务，做得很顺手。他没有正式学过佛画，经常看着别人画，就掌握了画技。这些，都令人甚为惊叹。后来，他在请求喇嘛嘉钦波给他传授灌顶的僧会上，立誓永不饮酒，因此上师十分喜欢他。后又学习了《入行论》《三界九地》③等一些教法。在康区，他先后拜16位上师学经，进步很快，不到19岁就能给人讲授《入行论》。

帕摩竹巴19岁时与维钦波结伴，离康区前往卫地（今前藏），一切资具盘缠全由维钦波提供。在堆隆地方从嘉玛哇和格西恰巴·却吉僧格聆听《中观论》和《释量论》。在此期间，他又在噶当派善知识漾岗巴、端当巴、夏域哇等大师处学到"发愿菩提心"，并听受《教法次第》等噶当教法。25岁时，由斯普夏杜作亲教师，嘉玛哇作轨范师，阿尔作屏教师，为他授了比丘戒；从亲教师闻习了《律经根本》等戒法；又依娘真师学习了《入行论》等方面的教义。这时他已精通了显宗经论和戒律，得到了人们的普遍称赞。继而，帕摩竹巴修习密宗，在桑诺琼的直传弟子玛尔·却吉坚赞跟前聆习胜乐密续等密法，跟随华钦噶罗聆习了许多法门和教授。之后去后藏，拜札嘎波哇为师学到了阿热的教法。转而去欧布的贡纳波那里进修密宗8个月,全身充满大乐,就是足上被荆棘扎入也生乐感。他还在萨迦初祖贡噶宁波大师那里听受过"道果"④教授,在译师伊玛·姑玛热布多处聆习了"三种融合法",绛散达哇坚赞传授给他大悲观音和发愿菩提心的传统。帕摩竹巴中年时,在显宗密宗方面就已具有相当深厚的基础了,掌握了当时噶当、萨迦、宁玛各派的教法。当他总结自己的修习体会时说:"上弦日闭关静修,下弦日讲仪轨和作灌顶加持。"他认为不这样做对其他有情众生是不会有饶益的,从此,"康区大智者"的盛名广为流传。

42岁时,他到了岗波地方,谒见了米拉日巴大师最著名的弟子达波拉杰,从其听受"俱生和合大手印"等许多教法。一年以后,达波拉杰就去世了。帕摩竹巴跟随大师学法的时间虽只有一年,但他认为达波拉杰传授给他的密法高于过去学到的一切,因而他心目中的"根本上师"是达波拉杰。于是他就回到康区,住在一个名叫察岗的地方,在这里聚集了很多弟子。在5年的时间中,对所聚集的门徒传授以达波教授为主的许多法门,使其各得满足。对僧众则以佛语所制定的《毗奈耶》正法来约束,使他们不逾越戒律威仪。帕摩竹巴在教法方面的突出成就,是将至尊贡巴哇的噶当传规和至尊米拉日巴的噶举传规——噶当教

噶举派

法和大手印两种法流融合为一而教授弘扬的,一时从者甚众,独立成派。48岁时,他又前往帕摩竹更桑林地方弘扬教法。途中,他的坐骑是一匹骡子,由于他的身体沉重,将骡子的四条腿压得僵直而不能走动,就在仁清绷巴的塔扎(西藏泽当雅鲁藏布江北岸)住下来。这件事传播开来,人们就称他为仁波切塔扎。土虎年(1158年),他在该地(今西藏自治区乃东境内)修建了一座小寺院,这就是后来帕竹噶举的母寺丹萨替寺。从此他一直住在这座寺院里,收徒传教,弘扬噶举派大手印法,形成单独门风,遂成为帕竹噶举派,其座主法位后由朗氏家族所承袭。寺院建成后,他仍住在一间茅草屋中,许多施主的承事供养和供献的财物,他都用来作抚育僧众之用,而绝不拿来美饰茅屋寝室以图享乐。其间曾短期去过邬仗那⑤,在诸空行母⑥前聆习了《大密续部》,而且著出《摄彼密续》和其他教义的论著。遂此,帕竹噶举成名,为达波噶举嫡系,有弟子800多人,全是一切功德圆满者。其中著名的有达隆塘巴·扎西贝、岭热·白玛多杰、普哇·洛哲森格、钦布加热等。这样一位犹如第二佛陀的帕摩竹巴大师,于藏历第三饶迥之金虎年(1170年)七月二十五日上午在奇异的瑞相中示现圆寂,终年61岁。

其著作有50卷,计4函,其中较著名的是《帕摩竹·道情歌集》和《噶丹教法次第论》等，其中民族文化宫收藏有部分手抄本。

注：

①帕竹噶举：由帕摩竹巴·多杰嘉波所传，达波噶举四大支派之一。此派又繁衍出枳贡、达隆、竹巴、雅桑、绰普、修赛、叶巴、玛仓八小支派。此派主寺是西藏山南帕摩竹地方的丹萨替寺，其教法以"大手印"修法为主。

②迦叶佛：过去七佛之第六佛。传说是释迦牟尼前世之师。其佛像坐骑为一头狮子。过去七佛是过去庄严劫三佛：毗婆尸佛、尸弃佛、毗舍浮佛；现在贤劫四佛：拘留孙佛、俱那舍牟佛、迦叶佛、释迦牟尼佛。

③《三界九地》：指欲界、色界四禅和无色界四定之总名方面的教法论著。

④"道果"：萨迦派"深法宝训道果法"之简称。最初，印度大成就者比瓦巴，依《喜金刚怛特罗经》，以道果金刚偈句、怛特罗释文要略及道果教言授予纳波巴和种比巴，从此辗转传入西藏，卓弥译师得之，授予萨迦始祖贡却嘉波。尤以比瓦巴为送法门，亲至萨迦，秘密直传道果于贡却嘉波，以后，次第传于历代法王，成为萨迦一派不共之法门。

⑤邬仗那：又称邬坚，古印度地名，在今巴基斯坦斯瓦特河谷一带。

⑥空行母：为证得殊胜成就的瑜伽行母，即在天空飞行的护法女神，梵音译作荼吉尼，又称刹生女，系生于净土等处的天母。

智钦·唐东杰布
——古代建桥大成就师

智钦·唐东杰布，是元明时期西藏著名的建桥大师，也是藏戏团的组织者和开创者，亦是一位密法造诣高深的香巴噶举密宗成就师。在藏族历史上是一位功勋卓著且影响深远的重要人物，藏族人民尊奉他为智钦·唐东杰布，意即"大成就唐东王"。

唐东杰布于藏历第六饶迥之金牛年（1361年）出生在后藏拉堆叶日香贝恰沃俄哇拉孜仁钦当（今西藏自治区日喀则市昂仁县多白区）一个普通农民家庭。父多杰坚赞，母亲加盖拉姆，生有五子一女。五子是：色若贝、洛宏白次、彭保、那达和绰瓦贝茂，其中绰瓦贝茂就是唐东杰布；一女为白增多吉玛。全家一年四季主要忙于农活和充当乌拉差事，交纳赋税。有一年发生瘟疫，其兄彭保、那达和妹妹的生命被瘟疫病夺走。

唐东杰布自幼聪颖慧悟，父母为了让他成才，送到甲

噶举派

顶寺曲郡白巴上师处学习文化。由于他学习刻苦,在较短时间内学通了藏文、印度兰札、乌尔都文等几种文字的拼读书写,成绩显著。之后父亲准备让他回家继承家业,而母亲极力主张让其继续留寺出家为僧。最后,两人听了长者仁钦坚赞的建议,让他出家为僧。他从该寺尼玛僧格受戒出家,在甲顶寺开始了他的学佛生涯,开始从其戒师学习一些显密经论和教法。后离开甲顶寺先后到昂仁寺、甲热寺求学佛法,在昂仁寺从学者洛哲多杰和贡却达勒二师闻习经、律、论三藏,在显宗学方面有了相当基础;在甲热寺由嘎阿巴·班觉喜饶等师给他授了比丘戒,取法名尊哲桑布,意为"善勤进"。之后他到萨迦等寺巡回辩经,辩经期间,别的答辩者十分自矜,但他非常谦逊而勤谨,人们便送给他一个绰号——尊哲涅巴,意为"勤谨疯子"。

他来到岗布勒,从达玛白瓦学习潜水能行的术法;师事拉东巴索南却、贡邦·仁钦坚赞、仁达哇·循努洛哲、夏普哇等名僧学习新旧密咒法、风火修习法秘诀;旋从其戒师嘎阿巴·班觉喜饶学习了噶举派的大手印密法类,其中有"俱生加行""那若六法"和那若巴明妃尼姑玛传出的"六法次第"等。另外,他还学习了宁玛派的"大圆满法"和"空行要旨"等密法后,到一处名叫温尔的静修地修持多年,出现了一些证悟,获得了较大成就。他在藏杰德塘卡地住修时，五位空行母载歌载舞赞颂道："在辽阔的空行界，证得空性的瑜伽师，犹如无畏王安居。"第一个"空"在藏语中为塘（唐）意即空地，第二个"空性"一词，在藏语中为"东尼"，无畏王的王，藏语为"杰布"，合起来就是唐东杰布，从此人们誉称他为智白旺秀唐东杰布，意为"成就自在唐东王"，简称唐东杰布，这是空行母为他取的尊号。之后他来到坚巴江地方，在一座红色的神殿中遇到了大成就者之法缘，掘出了无上修心密法的伏藏。当时他到殿内见到有许多修行者专心致志修习时轮大法，其中一位已得开悟的修持者见他是位大成就者，给他行了顶足礼，并请到法座上侍奉，当晚他就在法座上安歇了。次日清晨，庙祝进来一看，见一个疯僧睡在法座上，用棍棒来打时却不见了，大为惊奇。有一次他睡在一座桥下面的水面上，早上取水的人见有个"疯哑巴"睡在这里，产生了怜悯之心。所谓"疯哑巴"，指唐东杰布平时除口诵两亿嘛呢六字真言外缄口不言，除讲经说法外默默无言，除上师的寝室和佛堂外从不登他人门槛，他已立下一生只为佛法和芸芸众生谋利益的誓言。一次他来到觉囊地方在一块形似大鹏展翅的巨石下面住修7个月，有一天黎明时分，在他前面出现了虹光，至尊度母从虹光中走来对他说："善缘的弟子，不要沉迷于吸取三昧耶甘露的修炼中，快请起

噶举派

为众生着想,马上到拉萨释迦佛前,在汹涌澎湃的吉曲河(拉萨河)上,架设行走方便的铁桥……"这里借度母的点化说出了唐东杰布朝思暮想的架桥心愿。为了实现这个夙愿,身无分文的他就必须更深一步地学习修持密法,以高深的密宗功法来完成他的伟大事业。他从觉囊起身到纳塘朝圣巡礼,一路上,他有时口诵嘛呢真言和皈依经,有时讲经传法,有时唱道歌跳法舞。人们看见他如此快乐的样子,烦恼、痛苦、愚昧顿时云消雾散,脸上绽现出花朵般的笑容。他在纳塘寺观音菩萨圣像前敬献供养后又发下利益众生的宏愿。从纳塘寺又去了夏鲁寺,他在夏鲁寺朝礼观音圣像时,遇到了三位前来朝圣的喇嘛,与三位喇嘛一起住了三天,喇嘛给他传授了"喜金刚三续灌顶""金刚瑜伽母灌顶""亥母密续教言""无常十五神女灌顶""观音菩萨救度八难""如意宝法"等甚深密法,证得了幻变法神通。他运用幻变法神通来到聂塘卓玛拉康朝拜,之后到拉萨大、小昭寺向两尊释迦牟尼佛像各敬献了一钱黄金的鲜花,求授加持,据说得到了自己的智慧与佛身像融合在一起的殊胜加持。他在药王山和拉萨北街的名叫噶尼果王的四门佛塔处住修了很长时间,又学到了许多密法。尤其从一位噶举派著名高僧重新学习了"大手印法"和"那若六法",经修持后出现了不可思议的证悟。他倾心于这两种法,成了香巴噶举派法门的名僧。之后他返回故乡，时隔不久又到阿里、定日一带巡礼，从觉囊派和息结派名僧学习"般若空性见"和"他空见"等教法。这时，他已成为精通藏传佛教各大教派教法的密宗大成就师。后来他身携黄金到尼泊尔和印度继续求学深造，在印度高僧司德热他那的具体指导下，对密法火气双运功的修炼达到了很高的境界。据《唐东杰布传》记载，有一次他在印度德里金刚佛塔前修定火气双运时，忽然，在周围产生了一种巨大火光，印度人害怕佛塔被火焚毁，赶忙前来灭火。走到佛塔前没有发现任何火烧的迹象，只见一个游方僧在那里静修不动，这才明白过来，原来是藏族高僧唐东杰布发功时所产生的威力。在他的传记里类似的神话传说很多。他于藏历土龙年（1448年），他在四川德格境内创建了一座名叫德桔更庆林的寺院。

从《唐东杰布传》中不难看出，唐东杰波早在卫藏从师学法时就已萌发了修建桥梁的想法，只不过多以神、佛、度母的点化、授记而寄托他建桥的美好愿望。在学法传法时他的足迹遍履卫藏康，曾去尼泊尔和印度等地，所到之处目睹了无桥过河的艰难，更亲身遭遇了无钱乘船挨打的屈辱。木牛年（1385年）他开始为建桥筹集资金而四处奔波。当他来到拉萨，乘牛皮船渡吉曲（拉萨河），由于分文未带，船划到河中心时船主向他讨船钱，船主见他拿不出

噶举派

船费，就凶狠地用船桨对他连打带骂，最后还将他推入激流中，幸亏他早在大成就师达玛白瓦那里修成潜水渡河的苦行功夫，才得以安然无恙，然而他的精神受到了极大的侮辱，由此更坚定了他建桥的决心。

唐东杰布在学习显密经论的同时，还拜师研习过藏医学，在藏医学方面也做出了成就。他用藏药秘方精心研制成的成就白丸和红丸两种丸药据说能治百病。在尼泊尔求学佛法期间，他曾用高超的医术救活了一名富商，商人为了报答救命之恩，献出黄金供他去印度求学，而他将这点黄金留作建桥的资金。他还学过大五明中的工巧明学科，对雕刻工艺也颇有研究，曾用珍宝亲手雕塑的各种神态各异的佛像和护法神像。他教弟子塑造泥像，亦亲自精心雕塑珍贵材料的神佛像，工艺精湛，受人喜欢。他广泛运用多种技艺，为建桥筹措资金。他甚至利用学到的高深密宗功法在街头表演杂耍，请过路人捧场赏钱。他还利用时间学习藏族传统戏剧歌舞甚至补充戏剧内容。据说将贝纳家的七姐妹动员起来，两人扮演王子，两人扮演猎人，两人扮演天女，一人击乐器，他自己击鼓指挥当导演，创建了藏族历史上的第一个七人剧团，名叫雅隆扎西雪巴剧团。他动员编写了以歌舞剧形式演唱历史故事的藏戏剧本多种，打破法舞仅仅在寺院表演的旧规，带领剧团到农村牧区为民众表演，深受人民群众的欢迎。后人尊他为藏戏剧团的开创者。每当雅隆扎西雪巴团、香巴团、觉摩隆团的演员演出时，舞台上就出现白眉皓首的唐东杰布的形象，至今西藏表演歌舞时还举着唐东杰布的唐卡像出现在舞台上。组织戏剧团为民众演出的目的也是为建桥做宣传和筹建工作，如剧目中有表现唐东杰布带领弟子建桥时石铁工匠劳动的生动场面。

唐东杰布通过上述各种办法收集到五十多两黄金，先后收了五十名忠心相随的弟子。然后，他们开始翻山越岭，到工布、巴喀、曼茂冈等地一面向群众宣传建桥的善举，一边收购建桥用的铁。在工布寻找铁矿时，得到当地群众的帮助，找到了一处铁矿，组织人力开采冶炼。

在西藏南部的林芝和波密一带亦找到了铁矿，他们立即组织人力用一个多月的时间建成了一座简易的炼铁厂，然后从各地招聘了许多铁匠和帮工开始炼铁。唐东杰布亲自拉风箱打铁，干了十多天就制作了八十多米长的铁索桥链。当炼铁造铁索的消息传到工布、林芝、波密时，这些地方的人们对唐东杰布所付出的心血深受感动，他们纷纷来捐铁、捐物，不少地方的铁匠还主动帮他制作铁链而不计报酬。就这样，经过几年的艰苦奋斗，架桥用的铁链基本准备就绪。之后，他雇用了当地的240头驮牛，把制成

噶举派

的铁链分别运往拉萨河、曲沃日河、贝曲沃且、藏堆央日、堆隆、涅廓渡口、枳贡曲科岗、玉那、门隅宗、长江、澜沧江，甚至运到甘孜地区的江畔等地区，又分别动员当地的土石工建造桥墩，经过几年的辛勤劳动，终于建成了拉萨河铁桥为主的铁索桥58座，木桥60座，木船、皮筏渡口108个。据说一些桥梁是由唐东杰布亲自设计、动手建成的，一些是由他设计、指挥，由他的弟子带动群众共同完成的，还有的桥梁是他家族的后代继承他的事业而建成的。其中拉萨河铁桥是于金狗年（1430年）唐东杰布不顾来自官方一些人的流言蜚语，克服重重艰难险阻而架起的第一座铁索桥。他修建这座桥的目的不仅仅是为人畜行走提供方便，其中有更深远的历史意义，因为当时拉萨已成为西藏政治、经济、文化的中心。

在唐东杰布的故乡后藏也先后建了一些桥，其中仁钦当铁索桥就在他的诞生地，江日沃且铁桥在他寺院的附近。木蛇年（1485年），帕摩竹巴第八代执政王阿吉旺波也奉献出人力和物力，请求唐东杰布在山南雅隆河上架桥。这时据说他已是124岁高龄的人了，但没有谢绝请求。他对执政王说："你的诚意十分珍贵，在此处建桥我早有心愿，但迄今为止未能如愿，现在我已年迈无力，不能亲临工地，我委派弟子尼玛桑布为工头，前去架桥。"于是尼玛桑布在唐东杰布的指导下，带了300多名能工巧匠来到雅隆河畔，马上破土动工，经过紧张施工，在短短的7个月内修建了一座由三十二座桥墩组成的铁索桥，这是唐东杰布一生中建的最后一座桥，也是他为西藏人民留下的最后一份宝贵遗产。如今，一些桥梁被现代桥梁所取代，但也有部分铁索桥保存完好，部分桥梁遗址尚存，后人可以到那里凭吊先哲留下的不朽丰碑，瞻仰先祖开创事业的无私奉献精神。

传说唐东杰布大师圆满实现了他梦寐以求的建桥夙愿后于藏历第八饶迥之木蛇年在后藏昂仁地区圆寂，享寿虚岁125岁。

藏宁赫汝嘎·桑结坚赞
——著名文学巨匠

藏宁赫汝嘎·桑结坚赞，意为"佛幢"，"藏宁"是以他的怪诞行为取的名讳，带有贬义，"赫汝嘎"是胜乐金刚的别称。桑结坚赞于藏历第八饶迥之水猴年（1452年）出生在后藏娘堆地方的扎西喀噶。他的父亲桑吉白丹是一个诵持密咒者，母亲桑吉贝珍是一个信教者。桑结坚赞出生后，父母给他取乳名却吉龙布，7岁时，由噶举派大堪布贡嘎桑吉给他剃度出家为僧，并授沙弥戒，始取法名桑结坚赞。7岁至17岁的十年间，他在家乡从师学习藏文和佛学经典。18岁时前往杂日神山朝圣，在那里他与至尊夏哈饶贤巴桑结森格大师相逢，向大师求学了嘉哇央贡巴著的《三种山居法》《那若六法》《五具大手印法》《俱生和合法》《三种道歌集》《俱舍六论》等噶举派的普通修法经典，大师又让他在至尊俱生佛母坛城中灌了顶，起密宗法号弥觉多杰，意为"不动金刚"。后来在华科寺他又随萨迦派大师

噶举派

玉隆瓦·云丹嘉措学习萨迦派法要，从轨范师贡嘎尼玛和班钦东珠扎巴等学习密宗法的灌顶和续部讲解、生圆二次第的教言等多种密法，成为通晓噶举、萨迦、宁玛等教派教法的佛学家。

桑结坚赞自幼崇敬噶举派第二代祖师米拉日巴，他以米拉日巴为楷模，赴冈底斯山、杂日神山、拉齐雪岭（在定日与镇日之间的珠穆朗玛峰）云游朝圣，并隐迹高山岩窟，潜心苦修。"得道"之后，遍游卫藏康各地，远及尼泊尔。在尼泊尔他出资修葺了帕巴香耿大佛塔，受到尼泊尔僧人的赞许。在许多圣地他建立了噶举派的修法道场。在各地云游时他的行为怪异不定，有时他赤身裸体，只遮掩下身羞处，脖颈上佩戴着人骨做的项链，手中拿着一个颅碗，是用人的头盖做的，内盛脑汁和肠子，用肋骨当筷子搅拌着吃。有时一副胜乐金刚大士打扮，佩戴人骨制造的项链、肠子做的胸饰和足钏及骨制手镯、钗环、耳环，着胜乐金刚衣冠。随身带着颅盖碗、胫骨号角等，经常出没在寒林（坟墓地）和村舍化缘度日，生活没有保障，既像米拉日巴，又像济公。因此得名"藏宁"，意为"后藏疯僧"。他的别称还有热白坚金（佩骨饰者）、却吉扎巴（法称）、稠同嘉布（饮血王）等。"疯子"是桑结坚赞学习米拉日巴大师而践行出来的，其目的是在弘传佛法、教化众生的同时，了解民间疾苦。其实桑结坚赞是一位悟性很高、明辨善恶因果的修道士，也是一位真才实学、才华横溢的大学者。他一生中校勘修改了十三部噶举派"耳传"教言的经典著作。著有《玛尔巴传》《米拉日巴传及其道歌》《热琼巴传》和《朱巴格雷传》《耳传法·如意宝珠》等名著。其中《米拉日巴传》是他在拉齐雪岭修炼时，根据前人和民间传说的有关米拉日巴事迹的基础上于土猴年（1488年）撰写而成的，有极高的文学价值。这部名著不但在藏族社会中广为流传，而且在新中国成立前就有了汉文的节译本和蒙古文译本，深受读者的喜爱，在国际上也为众多研究藏族历史、文化、宗教的人们所瞩目，早已有了英、法、日、德等文字的译本，成为具有世界意义的作品。

后来他来到山南乃东的热琼岩洞，对热琼岩洞进行了扩建，之后常住于此修行，在山南乃东一带颇有影响。

藏宁赫汝嘎·桑结坚赞于藏历第九饶迥之火兔年（1507年）在热琼岩洞中圆寂，享年56岁。

他的弟子中著名的有49人，获得不共之法的有8人，大小喇嘛60人，证士8人，讲修者20人，大成就者18人。

采巴·祥·尊哲札巴
——采巴噶举派创始人

贡唐喇嘛尊哲札巴，是采巴噶举创始人，又称众生怙主宇札巴，简称采巴·祥。藏历第二饶迥之水兔年（1123年）生于拉萨附近采巴竹地方，幼名叫达玛札。父俄强多杰山华，母芒吉。

采巴·祥7岁时，由母亲和兄长教学藏文字母。此后直至24岁期间，拜上师多人，闻习《般若经》《毗奈耶》《释量论》等。26岁时，他随十大译师之一的嘎洛云游康区北部和羌塘东部，在康区扎喀哇上师尊前受具足戒出家，起法名尊哲札巴，还从噶译师等密乘上师多人闻习密法。但对此又有不同的说法，认为他云游康区后返回前藏，在聂东木益西大师等十三名上师处受了比丘戒，取法名释迦格隆尊哲扎，并尽弃所学驱鬼避邪之术，先后受密乘教授、三摩地灌顶、制息术、拙火定等。

33岁时，他与帕摩竹巴·多杰嘉波同谒米拉日巴的大

噶举派

弟子达波拉杰，此时达波拉杰已74岁高龄，他就把采巴介绍到其侄贡巴·次臣宁波那里学习噶举派教法的心传，契悟俱生和合之义。此后多年，简居深山修行。采巴还从帕摩竹巴学习过噶举派教法。帕摩竹巴去世后，因采巴还没有自己的寺院而住在帕竹噶举的母寺丹萨替寺。到不惑之年，正值西藏山南、枳贡、沃喀等地的地方官举兵占领采巴地方，采巴和他的族众过着被奴役的生活。此后，他带兵先后征服了山南、枳贡、沃喀地方的许多贵族，使之统属在他的管辖之下。

藏历第三饶迥之木羊年（1175年），采巴得到拉萨采豀卡主人噶尔家族首脑人物杰瓦琼乃之大力支持，于拉萨河南岸采巴地方兴建采巴央贡寺；于火羊年（1187年）又在采央寺附近兴建贡塘寺，并塑拉钦贝巴之像，其流派即以寺而得名，遂形成采巴噶举派，后两寺合称为采贡塘寺。这座寺院在历史上曾遭火灾，后又逐渐重建，这里曾一度是前藏最重要的佛教文化中心。采巴·祥·尊哲札巴的门徒众多，分头建寺，拉萨河上、中、下游都成了中部采巴的领地，到后来该派势力达到上部阿里三围，称为上采巴，下部多康地区称为下采巴。他在前藏传播显密教法时，噶尔家族给了他财力上的大力支持，并成了采巴寺和贡塘寺的寺主，还一度直接控制了采巴噶举派。

采巴去世后,采巴噶举的实权逐步被噶尔家族的后代掌握,到元朝在西藏分封十三万户时,采巴被授封为一个万户,万户长就是噶尔家族的政教领袖,像采巴噶举的政权被异姓噶尔家族掌握还是不多见的。

采巴在艰难的情况下,一生奋斗传教布道,到晚年终于创建了采巴噶举派,受到西藏佛教界的敬重,将他与帕摩竹巴、宗喀巴并称为西藏的"三宝"。到17世纪中叶后,采巴噶举派逐渐融入格鲁派,采贡塘寺亦变成了格鲁派的属寺。采巴的著作共有5函。

采巴大师于藏历第三饶迥之水牛年(1193年)圆寂,享寿72岁。

采巴·耿噶多杰
——著名藏族历史学家

采巴·耿噶多杰，意为"普喜金刚"，又名司徒·格卫罗哲。生于藏历第五饶迥之土鸡年(1309年)，为仲钦·蒙朗多杰之长子。

耿噶多杰5岁时，就开始学习读诵藏籍。之后，学习采巴噶举法类和密法等知识，崭露头角。15岁被委任为采巴万户长。17岁那年，前往京城觐见元朝泰定帝，皇帝赐给他白银一大锭、银印、黄金首饰及许多绸缎，颁发了使西藏采巴人众和贵族皆晓的采巴万户长的"敕书"，并封为"司徒"，他任万户长长达28年之久。在此期间，精心管理和修缮了采巴贡塘寺、拉萨大昭寺及布达拉宫，受到各教派广大僧众的尊敬。

采巴·耿噶多杰也是一位知识渊博的佛学家，他与著名的布敦·仁钦朱大师是同时代的人，而且关系极密。布敦大师有一次前往采巴贡塘寺拜访耿噶多杰，带着很多书，

噶举派

旅途中还废寝看书。同行的人问布敦为什么这样，布敦说，耿噶多杰广学博闻，我要是不抓紧时间多看点书，与他见面后交谈起来怕被他问倒。可见，佛学大师布敦很钦佩采巴的广博学识。采巴曾邀布敦共同对纳塘版的《甘珠尔》大藏经进行详细审订，然后用金银粉复制出金银写本共260函，成为藏族学者一直视为标准的采巴《甘珠尔》大藏经。

采巴生活的时代正是帕竹政权统治着西藏，采巴的势力范围被大司徒·绛曲坚赞控制之时。于是在藏历第六饶迥之水龙年（1352年），采巴将权交给继承者——其弟札巴喜饶，他就在堪钦端喜巴·桑杰仁清尊前出家了，受了具足戒，赐法名为格卫罗哲（善智慧）。不久噶玛巴黑帽系第四世活佛若白多杰从内地返藏，采巴便邀他前来贡塘寺，从若白多杰活佛广求佛法，得到很多进益，后来采巴被赞誉为藏区的"遍知慧司徒"。他于藏历第六饶迥之木龙年（1364年）示寂，终年56岁。

采巴的著作很多，重要的有记载的是"采巴《甘珠尔》目录"的《白史》，历史文献《红史》《红史续集·智者意乐》《花史》，以及《贡塘喇嘛祥传记》《父蒙朗多杰传记》等，这些著作都成为后人研究古代藏族历史的重要典籍。

巴戎巴·达玛旺秀
——巴戎噶举派创始人

噶举派

巴戎巴·达玛旺秀，意为"兴盛自在"，为巴戎噶举派创始人，达波拉杰的高足弟子，巴戎寺的创建者。于藏历第二饶迥之火羊年（1127年）出生在西藏拉萨北部彭域嘎巴玉纳地方，属达喀瓦家族，父敦巴郡芮洛哲，母亲觉毛洛琼玛，他是三子中的次子，取幼名本加。

在《青史》中以神奇传说记载了本加拜见上师的情节。本加童年时来了一位修习密宗的密童，密童向本加说了许多赞颂法王岗波巴（达波拉杰）的话，而且对本加说："你若到法王那里去，法王会喜欢你的。"本加对密童说："那么，现在你能带我去那里见法王吗？"密童同意引见。于是两人同行来到岗波地方，一到岗波，密童已不知去向，传说密童就是岗波法王所化现。其实本加8岁时从堪布嘎哇达玛僧格和上师旺秀循努二人出家为僧，从两位上师的法名中各取"达玛"和"旺秀"四字，赐给本加法名达玛旺秀。

他从噶当派格西夏域瓦和博多瓦的大弟子积布隆哇学习噶当派教法，21岁时，在桑杰贡巴的引荐下去岗波寺拜见达波拉杰。达波拉杰举行每月一次的十日敬神仪轨，达玛旺秀看在眼里，记在心中，积极主动地协助上师作仪轨，自然而然地成了上师的得力助手。他一心一意求学上师的教法主旨，上师看出他学法求法的心情十分恳切，达波拉杰上师将自己所知道的达波噶举教法全部传授于达玛旺秀，他经过一段时间的潜心修学后，熟练地掌握了达波噶举的全部教法和经典，成为通晓达波噶举教法的修学士，经修习生起证悟。此时，上师赐给了他一尊金佛像、衣钵、黄金和几部孤本经典等珍贵物品，让他到巴戎地方去传授教法，教化众生。师徒惜惜相别，临行时，他向上师敬献了银制曼札，祝愿上师吉祥健康长寿。28岁时，他遵照上师之命，赴西藏北部巴戎杂代沃仁青邦地方，修持达波噶举教法达7年之久，基本以持禅定而修，出现了三昧耶证兆。之后他到康区，在地方长官益喜赛的鼎力支持下，在康区兴建了果措寺和洛德寺，据说他曾先后三次到过康区，竭力传播达波噶举的教法，也收了一些门徒，将他们安置于果措寺和洛德寺修学佛法。这期间达玛旺秀到过齐瓦尔佛堂，施主达查巴给他奉献了丰厚的财物并把自己的幼子拜托给了他。这个孩子当晚就住于寝帐旁，达玛旺秀将手置

噶举派

于孩子的头顶后说道："我以梵文（唵啊吽）咒为你灌顶，你会成为一位饶益众生者。"这个孩子后来学业有成，成为噶举派大师帝师日巴，疑曾出任西夏王朝的帝师。然后他携带衣钵和经卷从康区转赴巴戎（巴戎即指今后藏昂仁县境内一地名）地方，于水鸡年（1153年）在巴戎扎玛尔附近创建了巴戎寺。具体寺址在今西藏自治区那曲市属桑雄地方，亦有今后藏昂仁县境内一地名之说。据传巴戎寺常有"空行"来集，并有许多飞禽聚集其地。达玛旺秀住持巴戎寺时，僧众敬称他为"巴戎巴"。他拥有许多门徒，以密宗大印修法及显宗大印境界教授弟子，以巴戎寺之名，传出另一系法门，为噶举派四大支系中的巴戎噶举。噶举派后世僧众将他奉为巴戎噶举的开派师祖。他曾向达隆活佛和枳贡法王求结法缘。

达玛旺秀的主要弟子有：帝师日巴、孜卓旺秀僧格、周嘎觉宗、喇钦拉巴、敦巴·仁钦喇嘛、周嘎拉东、贡巴元努布扎、祁尼阿恰德哇、喇杰罗哲等，其中帝师日巴最为有名，在巴戎寺修建了有名的银制大佛塔。达玛旺秀主要著作有《噶举喇嘛祈祷文》等道情歌集29种之多。达玛旺秀亦是达波拉杰弟子中四大传承之一。

达玛旺秀于藏历第二饶迥之土羊年（1199年）在巴戎寺示现圆寂，享年72岁。他的生卒年又有生于火羊年（1187

年），卒于土羊年（1259年）之说，见措如·次朗著的《藏传佛教噶举派史略》一书。但大多数佛教史中记为公元1127年至1199年。

巴戎巴·达玛旺秀去佛刹净土后，巴戎寺因族中不和，纷争迭起，出现了寺院住持频繁易人，削弱了其势力，乃至教派与寺院逐渐衰落。据拉却·桑麦班智达（青海玉树囊谦人）著的《巴戎金鬘》一书载，巴戎噶举经四川康区传入青海玉树一带，至今仍有该派的寺院和僧人，据统计寺院有13座。

噶玛巴·德松钦巴
——噶玛噶举派创始人

噶玛巴·德松钦巴,意为"知三世",宋代藏传佛教噶举派高僧,达波拉杰的著名弟子,噶玛噶举派创始人,于藏历第二饶迥之金虎年(1110年)生于康区朱倭下区(今四川省甘孜藏族自治州新龙县境),另一说生于甘孜县。

其父亲是一位修大威德①的瑜伽士,名贡巴·多杰贡波(意为金刚怙主),其母是一位自性瑜伽士,名拉陀萨岗夫人。德松钦巴幼名格佩(意为善增)。他在贡巴·哲巴和父亲跟前学习吉祥天母自生佛母命根心要教授,不久便顺利地获得成就,他同上师印度毗若和班增相见后,听受了许多教授,又求得婆罗门却赛的贡波(护法神)法,修习后真正出现了《本母护法经》中所讲的诸成就迹象,特别是亲见了吉祥天母的圣容,现示过诸多奇异的神迹。16岁时,他在曲科钦波嘎查寺由俄译师的弟子朱倭·却吉喇嘛任亲教师,恰·森格扎任轨范师而出家为僧,赐法名吉祥

噶举派

却吉札巴,意为"法称"。为磨炼意志,恰·森格扎让他做了两年修建僧伽住地的苦役。后又从阿底峡的三传弟子札惹哇和其弟子格西扎饶两昆仲师聆习了阿底峡所传的吉祥胜乐灌顶和许多密咒修法及不动如来等噶当派的许多法门,修习后出现了成就的迹象。他19岁时去前藏,20岁到达多隆赛塘地区,在觉隆·嘉玛哇及其弟子日季巴和恰巴·却吉僧格等师处聆习《慈氏诸法》及《中观论》三篇和《般若波罗蜜多经》,反复研习成为精通者。此后6年多时间里,又从侠尔巴及其弟子伦觉巴·喜饶多杰二师闻习了噶当派许多教法,还在巴察译师处进一步学习中观理论。这时他的佛学知识已大有长进,由玛·杜增普巴作亲教师,益喜洛哲作羯摩师,桑敦郡波任屏教师,受比丘戒,并精研《毗奈耶》,开始讲经说法。在此之前,他学的是噶当派的教法。又从贝嘎洛和康巴·阿森二师学习《时轮六加行》生圆次第教授等多种密法。30岁时,来到岗波和达波拉杰叔侄相见而求教,当即聆听了噶当派的《菩提道次第》,达波叔侄要求他苦修。过了一段时间,达波拉杰给他作了灌顶,向他传授了噶举派的"方便道"和"拙火定"修法,连续精修了9天,依强制手法而燃起暖乐,只着单衣而不寒,他这样坚持苦修9个月而手中不离拂尘,因此人们称他为大修士,具有三摩地的无量功法。德松钦巴的学习范围很广泛,他在达波拉杰上师处苦修了3年后,又找到热琼巴,跟热琼巴闻习"六法"和"座中修法"等那若巴、梅智的所有教授,并撰写出《方便道直观教导》;又从绒巴嘎哇的弟子本普巴·敦嘉学习《金刚亥母》《行法》《六种庄严大宝释》《四灌顶修法》等;从辛巴多杰僧格求得"道果"教授;从江莫邦喀哇求得《喜金刚教授讲说》;依乍嘎哇学到《那若耳传教授》;还从达域巴·甲热敦楚听受《胜乐》《喜金刚》《玛哈玛那》等密续讲义及许多教授。此后他依达波拉杰授记的预言,前往山南沃卡区的咱谷山岩中安住静修,有一女子说:"我的主母来了,叫你不要在此住。"此后他坚守慈心、悲心、菩提心,安住静修了14个月,由此出现了许多奇异的成就证象,并生起殊胜定解。之后他又到山南的恰廓寺,向驻锡在那里的法王陈述了自己的修悟通达。法王对他说:"对你我抱有很大希望,你继续修持吧!"他又修了6个月,仍如以前无多大进益,复将此禀告了上师,上师将手置于他的头顶上讲道:"徒儿,这是关系到断绝生死轮回的大事啊!"言毕传授了真实义的指点——认识如意摩尼心以性的教授。他遵照岗波瓦的授记,带了五升食盐到门隅王[②]所辖嘎通地区,来到位于侠乌达果的一岩洞住下来静修,获得轮回涅槃无别的证悟,他又返回岗布寺静修了一年,而后征得上师同意到各地去云游。他来到山南琼

噶举派

结河东岸的巴敦寺，在勒堆有一土洞，有米拉日巴的直传弟子沙弥两昆仲住于其中，他也前去求得教授。从这里又来到彭域区夏桑岩住修了3年，据说示现出通行岩山毫无阻碍的神通，以此皆称他为喇嘛札巴（岩上师）。后又远赴定日宗的岗噶地方，在莲花生大师住过的圣地白色扁平磐石上住下来，实修了4个月。依此因缘，生起了无量三摩地。据说宿尼帕宗（即今拉萨市尼木县古名）的寺院中住着一位那若巴的及门弟子，他闻其名而前去拜见求法，获得了"大手印降雷法"和方便道的许多教授。之后他到楚希寺安住，继后又返回到岗波寺，上师说："当去乃囊寺。"这座寺院是由红帽系一世活佛道丹·扎巴僧格于1333年创建。他到此寺后静修了一段时间，并为那里的僧众讲说经论，教化甚广，从这里又到曲沃日和楚希下区云游住修。一天突然听到岗波上师圆寂的噩耗时，起身赶回岗波寺，与阿阇黎贡巴哇相见，他握住上师的衣衫，祈请泣哭，他凄悲的哭声，据说感动了逝去的上师再现寺院上空，师徒三人同时得见，了却了一片哀思之情。他处理完善后之事，先后来到山南拉隆寺、康区的冈波乃寺弘传噶举派教法。总之，德松钦巴在前后藏云游了30年，一方面传经布道，一方面广学各门派的教法，一直专注于闻思修三业之中，获得了巨大成就。

藏历第三饶迥之火兔年（1147年）于西藏昌都类乌齐附近的噶玛地方兴建噶玛丹萨寺，形成噶玛噶举派。后赴故乡康区广转法轮，并于木猴年（1164年）在康区冈布地方修建了岗波乃囊禅林。德松钦巴成名后，不忘上师恩德。有一次，他将7块大松耳石、许多茶叶及70多头牛派人送往岗波，作为对恩师达波拉杰的供礼。还有一次又复供金书《十万般若波罗蜜多经》4部，全部经藏计110函，以及10块大松耳石，牛马50头（匹）等。土鸡年（1189年）他在拉萨附近的西北堆隆楚普地方又修建了楚普寺，与噶玛丹萨寺并称为噶玛派上、下二寺，为噶玛噶举派的根本道场。楚普寺修建在一陡坡山脚下，前面有郁郁葱葱的刺藤树灌木丛，夏季鸟语花香，景色幽静迷人。噶玛德松钦巴初到此地后，修建了简陋的修行房，于1189年才正式建寺，该寺规模较大，成为噶玛噶举派的主寺。

德松钦巴于藏历第三饶迥之水牛年（1193年）圆寂，终年84岁。他的众多弟子中有所谓"五有缘弟子者"，即神通有缘弟子德琼桑吉、神变有缘弟子贝察达德哇、传记有缘弟子扎哇噶当巴、通达有缘弟子札叶格曲宗和利他有缘弟子卓贡热钦。

据说德松钦巴圆寂之时，为了解决噶玛噶举派继承人的问题，遗嘱弟子们"我将会乘愿再来"，并将下世转生情

噶举派

形之预言书交给大弟子卓贡热钦,活佛转世之萌芽由此产生。

其著作有《四面金刚亥母》《四续释》《梦事三种》《神鬼饶益之隐身术》等多种。

注:

①大威德:密宗菩萨名,教法谓之:"有伏恶之势,谓之大威;有护法之功,谓之大德。"藏传佛教密宗无上瑜伽部的本尊,名大威德怖畏金刚,又名牛头明王,系文殊菩萨化身。其佛像为九头、三十四臂、十六足、裸体、拥抱明妃罗浪杂娃,像下踏一牛,牛下卧一男人体。

②门隅王:门隅在西藏自治区山南所属的错那县境内。当时此地以一小国自称,故有门隅王称号。

噶玛·拔希·却吉喇嘛
—— 噶玛噶举派黑帽系第二世活佛

噶举派

噶玛·拔希·却吉喇嘛,法名却吉喇嘛,意为"法上师","拔希"系蒙古语,意为轨范法师。于藏历第三饶迥之木鼠年(1204年)生于康区哲垄丹巴曲秋地方的贵族家庭,父名嘉昂次察,母名僧萨阿吉。当年克什米尔的一位大班智达到西藏,噶玛·拔希诞生后,经他命名为却增(意为持法)。卓贡热钦等寻访到却增后,认定为德松钦巴的转世,精心培养。据传,五六岁时,即已精通写读。9岁至10岁时,对所有佛经,只要念一遍,即能领会于心。11岁时,依德松钦巴的再传弟子颇札巴为师出家受戒,授予许多法类,后来拜楚普寺的嘎陀巴·绛巴本和江芒普哇为师,受比丘戒,命名却吉喇嘛。他向颇札巴上师求传修法指导时,以念诵一遍《十万般若经》的布施来供养,博得上师的喜悦,上师给他传授了大手印俱生和合法教导,经修炼成为具广博的智慧者,逐渐有了名气,并开始云游各地。他在邦日山住修10年,并修了一座小寺庙。后来他回家乡收徒传教,会集僧众500多人。火羊年(1247年)44岁时,他再次来到楚普寺,住修6年,广转法轮,此时他已是噶玛噶举派的著名高僧了。

水牛年(1253年),忽必烈在南征大理途中,路经康区的部分地区时,召请噶玛·拔希赴绒域色都(今四川省阿坝一带)相见。他对忽必烈及其侍眷传授了发心仪轨,使其进入无上菩提。讲说了诸恶莫做、众善奉行、慈悲为怀、利乐有情的基本佛教理论。忽必烈要他随侍左右,他不愿意,不久便离开,到北方一带游方传教,在内蒙古与宁夏的交界处兴建了一座显化寺,又称赤囊朱必拉康庙。火龙年(1256年)当他动身返藏时,接到了蒙古大汗蒙哥给他的诏书,他便来到蒙古的和林,蒙哥赐给他一顶金边黑色僧帽及一颗金印,从此,其传承被称为噶玛噶举黑帽系。

金猴年(1260年),忽必烈和阿里不哥兄弟之间为争夺大汗之位而发生战争,金鸡年(1261年)阿里不哥兵败,忽必烈夺得大汗位。噶玛·拔希因以前不肯追随忽必烈,在争夺汗位的斗争中又有帮助阿里不哥的嫌疑,遂被忽必烈投入监狱,据说用抛下悬崖,投入江河、棘刺洞和毒蛙洞等等方式折磨他,然而他以高深的密宗功法躲过了一道道险关,安然无恙,后又被流放到盖乌曲地方。木鼠年(1264

噶举派

年），噶玛·拔希获得释放，便启程返藏，沿途经康、青地区传教8年，回到楚普寺。噶玛·拔希是一位声望很高的佛学大师，与八思巴是同时期的人，忽必烈曾安排他与八思巴斗法，他显示空中跏趺的神通。他虽在政治上受过磨难，但他对佛教的敬信终生不二。因此他回到楚普寺后，即全力扩建寺院，兴建佛像、佛塔。他修建佛堂一座，内塑释迦牟尼像及随从九尊之像，同时还塑造了一尊燃灯佛身像。据传，当佛像塑造完毕后，身像有些倾斜，工艺师们正处于无可奈何之际，噶玛·拔希喇嘛三次用法力扶正，并亲自作了加持。另外，他还用金银汁书写《甘珠尔》大藏经，作了广大的弘法事业。

噶玛·拔希临终前嘱其弟子邬坚巴："拉堆地方必出一继承黑帽系者，没来以前，汝当代理一切。"遂将金边黑僧帽戴到邬坚巴头上。

他于藏历第五饶迥之水羊年（1283年）九月初三圆寂，享年虚80岁。初九日火葬后，塑其身像，楚普寺为他修造了供奉舍利的灵塔，同达波拉杰的灵塔一起安奉于灵塔殿中。

自此，藏传佛教活佛转世制度正式开始，他逝世后，被称为噶玛噶举黑帽系第二世活佛，而将该派的创始人德松钦巴追认为第一世活佛。

噶玛巴·让琼多杰
—— 噶玛噶举派黑帽系第三世活佛

噶举派

噶玛巴·让琼多杰,意为"自生金刚",于藏历第五饶迥之木猴年(1284年)一月初八生于后藏吉隆帕巴哇迪寺南岗许莫(后藏贡塘)地方。父亲曲焕是一名旧密学者,善做陶器,母亲为觉姆央珍。5岁时他见到大成就者邬坚巴·仁钦贝。邬坚巴通过种种考察认定他是噶玛·拔希的转世。大成就者说道:"我的上师密号让琼多杰,故以此命名,给你就取名让琼多杰吧。"遂授居士戒,并发菩提心。并给他传授了胜乐、喜金刚、金刚橛等的灌顶教导。7岁从堪布绰普巴贡丹喜饶为师出家,受沙弥戒,听受戒律。同时依喜饶贝、嘉贡益西沃、聂日大成就师等上师聆听了藏传密宗的全套传承。依乃丹循务迥哇为亲教师,根敦仁钦为轨范师,受具足戒,听受全部戒律。从轨范师喜饶华、嘉贡益喜、聂多·贡噶端智等学习《甘珠尔》《丹珠尔》大藏经。水牛年(1313年)他到杂日,居三个月后抵楚普,木牛年

(1325年)被迎至工布，在那里建造了寺庙若干，后至多康，在类乌齐一带修建了噶玛拉当寺，并建索曲河铁索桥。让琼多杰不但通晓显密经论，对医药历算也颇有研究，他著的《药名之海》一书中列举了八百三十多种药物的功效及性能，被后世医学家视为可信而标准的医典。金羊年(1331年)元帝文宗派金册使者贡布称青等抵前藏，迎让琼多杰于工布，宣读召请诏书。让琼多杰于二月初一从堆隆楚普出发，十一月十八日至大都，而元文宗已于八月十二日逝世，但受到皇太子惹纳室利的盛大欢迎。后皇太子去世，其兄妥欢帖睦尔继皇位，是为顺帝。让琼多杰为顺帝、皇后及大臣等进行了密宗灌顶并讲经说法，顺帝赐给让琼多杰"圆通佛法性空噶玛巴"的封号。木狗年(1334年)让琼多杰即将返藏时，帝赐大沙门采巴司徒的国师封号及水晶印玺、金册，并重赏楚普、噶玛丹萨寺，颁饶益全藏之敕书三道，为造《甘珠尔》《丹珠尔》大藏经助缘。之后，让琼多杰经五台山、宁夏、康区返回西藏。当让琼多杰到达宁夏时，在一些信众的请求下为他们讲经说法，将噶玛噶举教法传到了宁夏，据说在他的倡建下，在宁夏青铜峡对面的山坡上兴建了108座藏式佛塔，这些佛塔至今犹存，成了噶玛噶举派在这里弘法的象征。木猪年(1335年)八月他抵达木(当雄)，受到西藏诸显贵的欢迎，随即宣布三道敕书。

噶举派

回藏后,造金银写本《甘珠尔》大藏经160函。火鼠年(1336年),顺帝又遣金册使者三次入藏,召请让琼多杰再次进京。让琼多杰八月启程,于次年三月初一抵达京城。欢迎盛况,更胜往昔。史载当时京城发生大地震,让琼多杰和顺帝一起同住于帷帐之中,得以安然无恙。

在京他对皇帝及大臣讲了许多教法,并在京城倡建噶玛巴的寺庙,在京住了三年。56岁,即土兔年(1339年)六月十四日圆寂于京城。其遗体用檀香和紫丁香木火化,造无量舍利塔,后迎到西藏楚普寺安放。

他有弟子多人,最著名的有扎巴僧格、克珠·荣敦巴、达那国师贡杰、采巴司徒、雅德班钦、贡钦·妥布哇等。

其著作有《佛百行传》《甚深义本释》2函及抄本1卷,还著有《空性赞注疏》《药名之海》《历算集论》等著作。

噶玛巴·若白多杰
—— 噶玛噶举派黑帽系第四世活佛

噶举派

噶玛巴·若白多杰，意为"游戏金刚"，于藏历第六饶迥之金龙年（1340年）三月初八出生在工布和多康之间的俄阿纳绒吉扎热的南宗城（今西藏自治区昌都边坝县境内），父名索南端智，母名卓萨宗哲坚。3岁时对母亲说自己是噶玛·拔希。5岁学会了藏文拼写及语法。6岁时在扎吉拉康（佛殿）中一眼认出前辈的僧帽。从9岁始多卫康的一些大人物不断给他供献物品，他登上沃塘后面前世法王的宝座学习讲经。年稍长，他从多丹贡嘉瓦学习"那若六法""六支瑜伽"等许多生起次第和圆满次第的教授，并听授了一些灌顶法类。他在纳普妙室中闻习了《空行海续释》等旧密法，拜喇嘛咱雄巴·喜饶贝为师，学习了《甘珠尔》大藏经和许多经教诵授，在轨范师洛哲僧格处听受了"慈氏诸论"，从杂日敦温闻习了"古汝古里修法"。之后他来到楚普寺，继任了该寺住持，从堪钦端智华和轨范师索南本二师受戒出家，取名华达玛甘地，在二师处学习了"毗奈耶法类"和"红文殊法类"。后他来到德钦寺，从雍敦巴上师聆听了《金刚鬘》《空行海》《总义心要》《幻变》等灌顶及一些密法。火鸡年（1357年）18岁时，他请求过去的堪布和轨范师，由循努作屏教师而受比丘戒，起法名若白多杰。受戒后他禁绝饮酒食肉，其随从比丘弟子，也以他为榜样，以比丘戒律严格要求自身。后来元顺帝妥欢帖睦尔听得他在噶玛噶举派中的盛誉时，特派定呼温本和官却坚赞等蒙藏金册使者多人，携带元帝诏书和大量礼物前来迎请。他想到利益众生的广大事业，遂于土狗年（1358年）五月二十日，从楚普寺起身赴京。一路经过许多地方，作了一些有益众生之事。他体察到康区将有时局变迁，就转道察昌纳波地方而来到木雅饶岗①，调解了那里官吏内部发生的乱事。后又来到多麦（甘青一带）。土猪年（1359年）经过安多宗喀地方的夏宗寺时，刚满3岁的宗喀巴·罗桑札巴被领来见他，他预言"这孩子将会成为世界第二佛陀"，并设供给宗喀巴授了近事戒②，取名耿嘎宁波。他金鼠年（1360年）抵达帝都，与元帝和宫眷等相见谈论之后，皇室十分崇信他。他给元帝和太子传授了"瑜伽母灌顶法"和"方便道""六法"等；对皇太子讲授了《佛百种本生事记》《一乘宝性论释》《经庄严论释》《时轮本续释》及

噶举派

其支分的梵本等,又传授了《佛海灌顶》,元帝照例赏赐了印信。他还给在京师的汉、藏、木雅、高丽等族的许多上层人物和酋长说法。

后来若白多杰要求返藏,元帝悲泪挽留,经他再三请求,方才获得西行的诏书,并派人护送。木蛇年(1365年)启程西上,行至木雅塔巴哇转道来到北方,在那里和皇子惹达纳及其妃布纳雅达日相见后,向他们说法,将他们安置于大乘道③中。此后在甘州修建了薛贡摩伽惹大寺,王妃布纳雅达日为皇子惹达纳祝福,欲塑造一尊佛像,法王以1090两金银相助,并画图像,动用700人用13个月的时间,断取山面的白石,塑造了一尊释迦牟尼大像。路经康青一些寺院时,他供献银灯和长明灯,在德钦寺供三颗银翘宝制造成的银灯一盏。返藏后,他在拉萨大昭寺释迦牟尼佛像前,供献用11颗大银翘宝制造的大银灯一盏;在楚普寺造"用5颗金翘宝锤出的金箔饰大佛像金身",并供以31颗银翘宝制造的五盏大银灯;在格敦岗巴前供用3颗银翘宝制造的银灯一盏。此后他又来到康区一些地方讲经说法。在去贡波的途中,他和枳贡的金厄瓦相见,讲授了《那若六法》《释迦本生事记》等,使闻法者满意。

他于藏历第六饶迥之水猪年(1383年)七月十五日黎明时分在工布叙喀示寂,寿44岁。在那里火化后将骨灰运回楚普寺,造灵塔安奉。著有《证道道歌史》。

注:

①木雅饶岗:雅砻江中游东部地带的古名,是下区朵甘思六岗之一。地在今四川省甘孜藏族自治州乾宁以东康定等县境。

②近事戒:佛教信徒在未到出家年龄前,先受五戒(戒杀、戒盗、戒淫、戒妄语、戒酒)即为近事戒。受戒后称近事男或近事女。

③大乘道:即能往趋,或已到达乘菩提所有之乘慧。

噶玛巴·德银协巴

—— 噶玛噶举派黑帽系第五世活佛

噶玛巴·德银协巴，意为"如来"，本名曲华桑布，明代藏传佛教著名高僧，《明史》称哈立麻。藏历第六饶迥之木鼠年（1384年）生于工布娘达木地方。父系修密士，名叫古汝仁钦，母名拉茂吉。诞生两个月，堪钦阁伦巴前来和他见面时，婴儿显示出许多欢悦的姿态。

3岁时，他跟上师说他曾去内地给皇太后皇子灌过顶、供献礼品之事。4岁时，他拜见法王喀觉巴（即喀觉旺波），从法王闻习"金刚鬘灌顶""六法""大手印""六支瑜伽"等教法。多丹喀觉巴将前世噶玛巴的黑僧帽献给他，他戴在头上不大不小正合适，大家为此而感到稀奇。7岁时他从工布孜拉岗寺的堪钦索南桑波和轨范师堪钦云洛瓦出家为僧，赐名为曲华桑布（意为法吉祥贤）。12岁他到楚普寺，登上了该寺法座，成为第五世噶玛巴活佛。他18岁前往昌都类乌齐一带传教，得到贡觉大长官沃赛南喀的盛大供

噶举派

养。当贡觉地区发生青巴军马带来的灾难时,相传他去请求颁发了消除这次乱事的上谕文书,制止了这场兵燹之祸。20岁时,他从孜拉岗寺堪钦索南桑波和堪钦云洛瓦二师受比丘戒,取法名德银协巴。之后他一面勤修广学经典教法,一面给他人说法,遂成了一位乐意供施、亲示教导、严守戒规的僧人。他又从上师噶玉巴仁钦贝等学习了噶举巴等教派的许多经典和教法。不久,明成祖派宦官侯显和和尚智光,专程赴藏召请德银协巴。他得知这个消息后来到前藏拉萨和楚普,接受了金册使者的启请和皇帝诏书,随同使者启程,经过长途跋涉,于火狗年(1406年)抵达南京,在华盖殿受到明成祖的宴请,并赠送了纯金制作的千幅轮,皇帝亲自起身给他敬茶,以示敬重。火猪年(1407年),他奉成祖之命建普度大斋于南京灵谷寺,为成祖父母(朱元璋夫妇)荐福,深得皇帝和侍眷等的敬信。三月三日的吉祥之日,皇帝给德银协巴赐予了用一百两黄金做成的金匾,上面用汉字刻着"如来"的名号,全称为"万行具足十方最胜圆觉妙智慧善普应佑国演教如来大宝法王[①]西天大善自在佛领天下释教",简称"大宝法王",为明初西藏佛教的最高领袖,并赐水晶印和黄金制成的封诏,大银翘宝700颗。为此,成祖还三次大赦囚犯。成祖十分敬重德银协巴的博学多才和高尚的人格,他甚至认为全藏都应该信奉噶玛噶举派。德银协巴却坚决建议藏传佛教所有的教派都一样重要,各自有其独到之处,不应该偏重哪一派,应该同等对待,同等和睦地存在下去,于是皇帝也支持德银协巴的意愿。他于土鼠年(1408年)返回西藏。

他回到前藏后,对诸位大善知识、大修士、学习闻思诸无边的修密士会众、大小官员,甚至连普通的人们都有所馈赠,并讲授教法,互相会晤,摩顶赐福。给大昭寺释迦牟尼佛像敬献了镶有珍珠宝石的祖衣。同时组织学者缮写了金银汁的楚普《甘珠尔》大藏经。同时,他还孜孜不倦地学习,先后从索南桑波等多位上师,聆听了无量甚深的显密教授和四灌顶[②]等广大教授。他还培育了许多殊胜弟子。之后突然发病,这时他吩咐侍寝官所有书籍和佛像等不可失散,于第七饶迥之木羊年(1415年)寿终,年仅32岁。

他的弟子主要有七大国师:国师桑杰仁钦、国师仁清白、国师罗哲坚赞、国师东智沃色、国师却吉坚赞、国师释迦桑布和却华益西活佛。

注:

①法王:是指德银协巴于火猪年(1407年)得成祖帝赐予的"大宝法王"封号,以后德银协巴的上师和从德银协巴以后转世的历世黑帽系

噶举派

活佛,均可被尊为这一专有的"法王"封号,按期向朝廷朝贡。噶玛噶举的其他著名高僧,也有被尊称为"法王"的。元朝忽必烈曾封八思巴为大宝法王;明清对萨迦、噶举、格鲁等教派的大喇嘛赐封大乘、大宝、大慈三大法王,其中以大宝法王地位最高,在藏族人民心目中认为最尊贵。此即噶举派后世的一些著名大喇嘛,虽未受封名号,也仍被尊为"法王"的原因。

②四灌顶:即瓶、密、慧、句四种灌顶。灌顶系授权的意思,上师传法弟子准其修习,是密宗的一种仪式。

道丹·札巴僧格
—— 噶玛噶举派红帽系第一世活佛

噶举派

道丹·札巴僧格，意为"成就名狮"，为黑帽系第三世活佛让琼多杰之得意弟子，因元帝曾赠给一顶红帽，其传承遂称为噶玛噶举红帽系。他于藏历第五饶迥之水羊年（1283年）诞生在邦波地方。其族姓为章谷，父名达琼，母名阿果萨。出世不久，父母带着他来到喇嘛敦相瓦处求得灌顶。据说4岁时亲见白度母和绿度母及本尊神。

札巴僧格13岁时，拜至尊柯瓦的弟子洛哲札巴为师受近事戒，取法名札巴僧格。依此师学习了两年以"那若六法"为主的经法，后来洛哲札巴把他送到喀通协巴的住处，闭关勤奋念修，从而发现许多证象。17岁时，他在邦寺中从上师益喜僧格出家为僧，闻习《俱生》和《觉莫舍生法初生要义》，又求得《方便道导释》，经修习生起了特殊的温火，穿着单衣足以御寒，因此，都称他为"章谷热巴"，意为"章谷单衣师"。火猴年（1308年），他26岁时来到楚普寺,拜谒让琼多杰。当时法王让琼多杰正好在贡波寺,于是他在楚普寺拜轨范师楚仁为师,闻习了密集灌顶和密集续教法;又从轨范师索南僧格求得"五大灌顶法",并得赐德松钦巴大师用过的手铃;又依邬玛巴求得胜乐和喜金刚的灌顶及瑜伽灌顶之法,还学习了其他法要。后来他赴桑普寺从喇曲巴·绛央释迦循努上师和洛哲聪麦上师,学习法相论藏《瑜伽师地论五分》《慈氏五论》《量决定论》《摄论》《入行论》等许多教授,在这里他苦修了4年。由于他悉心钻研,获得广博的佛学知识,熟习了噶举派的教法,尤其通晓《波罗蜜多经》,以后遍游后藏辩场期间,曾获得"熟悉精通《波罗蜜多经》法语"的美名。在此期间他向堪钦宣努相曲和轨范师札西仁清求受了比丘戒。札巴僧格30岁那年,法王让琼多杰在前藏兴修了德钦当寺,由于该寺中未修僧舍,因此札巴僧格向上师让琼多杰求得《六法导释》后,夏季来到僧格隆静修,生起了极佳悟境,冬季才回到德钦当寺静修,获得生起幻身和梦中契合的修力。之后他前去后藏,在半途的觉摩隆和绛生嘉耶相见,一见面即生起敬信,向大师求得《时轮灌顶》和《六支瑜伽摄要》,精修后获得圆满诸证象。在那里为绛生嘉耶服役一年,师尊将《六支瑜伽导释》和许多梵本经教诵授毫无保留地传授给他。后来他又去西日和米拉大堡,在途中和译师罗哲丹

噶举派

巴相遇,在译师处求得《胜义念修法》和《成就法海》的经教诵授。又在一名叫萨迦贡阁炽江的女尼跟前,听受"风息脉络教授"。继后他返回德钦当寺,在法王让琼多杰那里住了5年,闻习了"心滴教授"及一些教法,随上师一心专修。在那里修密法的大修士有八百名,他成了其中最殊胜的一位弟子。水鸡年(1333年),札巴僧格创建了乃囊寺(在楚普寺以东)。寺建成后,他拒绝会见任何人,在寺里专修一年。从此,乃囊寺成了红帽系的主寺。关于乃囊寺的由来还有一段传说:当年道丹·札巴僧格骑着一匹骡子找地方过夜,来到今天乃囊寺下方的一块草坪上休息,他看见此处金刚亥母的身影和刹土神夫妇,于是具有神通法的札巴僧格将此处的所有鬼怪精灵变成动物,收摄于寺旁的两棵柏树中,对此地进行了加持。之后将寺址就选在金刚亥母的草坪上。之所以称乃囊寺,乃是游历此寺,就等于巡礼了杂日神山。后来噶玛噶举派收管了此寺。夏天红帽系喇嘛驻于央金寺,冬季就驻于乃囊寺。第八世噶玛巴将此寺赠予了华峨·祖拉昌瓦,自此,该寺又由华峨·祖拉昌瓦管理。在这前后法王让琼多杰正在北京觐见元顺帝,他专门派来致书使者,给札巴僧格带来了命册及帝室赏赐的一顶红僧帽,命札巴僧格到德钦当寺去任住持。他便来到德钦当寺,在寺内修建了上妙寝室,住了一夏,却身患小病，心想乃囊寺水土合适，遂又回到乃囊寺，病痊愈。土兔年（1339年），他又来到德钦当寺闭关专修时，真实预知法王在京都大乐宫中圆寂。此后他又回到乃囊寺，住持了近十个年头，这期间护理寺院，讲经说法，培养弟子，为该派打下了基础。于藏历第六饶迥之土牛年（1349年）三月十四日患病，对身边诸弟子作了详细的遗嘱后，于十九日正午圆寂，终年67岁。乃囊寺供奉了道丹·札巴僧格和华峨·祖拉昌瓦的肉身灵塔。他的著名弟子有：朵丹贡杰、绛央却多、雅德班钦和达玛坚赞等。

噶玛·喀觉旺波
——噶玛噶举派红帽系第二世活佛

藏传佛教五大教派名僧传

　　噶玛·喀觉旺波，意为"空行王"，是黑帽系第五世活佛德银协巴的上师，于藏历第六饶迥之金虎年（1350年）诞生在北方乾闼婆王五髻所依圣山附近南央协玛隆的喀那邬瓦地方。父拉嘉，母卓茂。3岁时，相传他能给许多人传授"观世音诵修法"，能知他人心性，如实说出一些通达他人心境的话。6岁时自己说是札巴僧格的转世活佛。喇嘛克珠达嘉瓦见他聪明过人，认定为札巴僧格的转世，便将他迎请到乃囊寺中，僧众均表示尊敬。7岁时，在措麦地方和黑帽系第四世活佛若白多杰相见后，给他传了优婆塞戒和发菩提心戒，并听受了"六法"和"大手印"等的导释。后在德钦当寺由仁波切端智华瓦作亲教师，法王若白多杰作轨范师，给他授出家戒，赐名益西贝。他从堪钦仁波切闻习了一些偈文等略法，从雍敦巴求得"白度母长寿法"，又从日绰巴（居山修士）处聆听了《俱胝怛特罗》

噶举派

及显教经文的诵授和一些"随许灌顶法"。他特别认真学习了噶举派甚深而广大的教授,又从雅桑巴·索南沃闻习了许多导修讲释后,遂闭关精修。

18岁时,由仁波切端智华瓦作亲教师,绛央却吉多杰作轨范师,循努贝瓦作屏教师,于僧众面前受比丘戒。之后他从师德哇坚巴·阿阇黎绛仁学习《慈氏五论》《量决定论》《律根本》等,从堪钦衮嘎沃色学习了"金刚鬘灌顶法"。在至尊日绰巴逝世后,他对举止愚昧粗野的僧人心生厌烦,遂将乃囊寺托付给喇嘛索南本管理,独自一人到乃囊的后山住在茅棚里修习。继后他从堪钦沃色嘉措等上师闻习了《心滴法类》《续释》《上下伏藏》等经教诵授,并昼夜心无旁骛地阅读《密续经论》,又在法王若白多杰跟前学到了"那若六法",并聆听了《中观思择焰论》。此时他已是一位饱学多识的高僧了。随之他在贡波的达玛普和阁昌聚集了300多名僧人,举行佛事法会,按照各自希求而为之说法。修夏安居①和冬季各闭关3个月后,他常为众人传授修学导释。土马年(1378年),由诸施主提供资财,修建了达孜南嘉岭寺,收门徒200多人。火虎年(1386年),又兴建了噶旦玛摩寺,收徒300多人,他传授显密经论和噶举派教法,出了许多瑜伽证士。在达孜南嘉岭寺时,法王德银协巴前来谒见,他为法王传授了许多经教诵授以满其愿,遂成为德银协巴的师尊。后来,为调息公隆三惹的乱事,用了3年多的时间,对愚顽难伏之众,采用各种方法调伏,使乱事平息。他根据博大精深诸教授著有许多《导释鬘论》和《悟道歌》,另有从多杰羌到他本人的《广传》,给后人留下了宝贵的文化遗产。

其著名弟子有:法王德银协巴、四论师理智利剑(又名仁钦桑波)、咱贡更邦·却吉益西、盖尼多丹·却华益西、素公四论师仁青贝、日木班巴·索南仁青、拉思仁钦坚赞、赤秀·索南本、曲参喀巴·喜饶华等。

当喀觉旺波的事业将近最后圆满之时,法王德银协巴从贡寺又前来拜见,此后不久,于藏历第七饶迥之木鸡年(1405年)七月二十九日与世长辞,享寿56岁。

注:

①修夏安居:藏传佛教修习密宗的僧人,习惯在冬寒夏暑两季闭关静修,特别是噶举派第二代大师米拉日巴尊者,以苦修著称,对后世影响极大。夏季雨季3个月静修,安居一地,足不出户,是佛教律制,名"修夏安居"。

噶玛·却华益西

——噶玛噶举派红帽系第三世活佛

却华益西,意为"法吉祥智",藏历第七饶迥之火狗年(1406年)诞生于西藏娘布地方,此地别名克隆扎多。父亲桑智,母亲白萨,给孩子取乳名彭措,意为"具足吉祥圆满"。

幼年时因长相英俊,惹人喜爱,他的父亲带他到哲区居住时,有一部分喀觉旺波的门徒前来见他,见到他的长相和举止后,大家都确信他是二世红帽系活佛喀觉旺波的转世灵童。周岁时,比丘僧官扎巴和喇嘛却桑巴用皮筏将他渡过娘曲(河),迎请到达孜南嘉岭寺供养。最初他拜喇嘛却桑巴为师学习《金刚亥母》《佛海》《黑棒护法》等灌顶法,以及噶玛·若白多杰和喀觉旺波诸师的《语教全集》《那若六法》《大手印》《风心无二》《大圆满》《五次第》等导释及《密续论集》;从比丘僧官扎巴听受了《密续十七心滴》等。8岁时在工布与前藏交界处的邦多地方,他和黑

噶举派

帽系法王德银协巴相会,法王给他传授居士戒,取法名却华益西。后来在达孜由法王作亲教师,罗哲坚赞贝桑布作轨范师,受戒出家。他在法王跟前闻习了无量的灌顶,以及"那若六法""大手印法""风心无二""大圆满"、《五次第论》《经教诵授》等教授和导释。这时大明皇帝赐给他金刚持佛像和铃杵、檀板等法器。13岁时他来到涅波,对贡波巴的诸寺庙作了宏大增益,在杂日扎普(杂日神山修行洞)那里修持"无量寿佛长寿法类"。水兔年(1423年),他从达孜南嘉岭寺同黑帽系第六世活佛通瓦敦丹一起来到沃喀扎西塘和乘轿而来的泽敏仁波切索南桑波相见,在这里受了比丘戒,其后在嘉措岗寺从四论师日比热智学习《让琼多杰全集》《慈氏五论》《中观论》《回诤论》《六十如理论》《七十空行论》等论著。他在所到之处广泛宣讲、教授,颇得通瓦敦丹法王的青睐,后来便做了法王的侍从。

  水牛年(1433年),他从娘布开始游学波密尼沃、工布、杂日、达波、乃东、洛绒、周松、绛乃、玛察同、峨阿日塘等地,这些地方大部分在山南。其中波密在西藏东南地区,为今之波密县。他在杂日附近建成了杂日普寺。此后他去贡德和蒙古地区之间传法;在纳雪地方,受到喀觉旺波的弟子嘎波仁桑的迎请,来到枳冬和布达地区大转法轮,之后转北道来到楚普,在楚普寺作了广大的施供,最后来到乃囊寺现身说法。以后他又在喇嘛岗巴旺秀坚赞处闻习"哩姑法类""采巴法类"和"多哈"等教法；在贡波的嘎丹玛摩从楚敦·却吉仁钦上师学习《空行海灌顶》《甚深内义》《喜金刚第二品》《威仪》等讲释要法，成为智者之顶饰。他曾骑着一头大犏牛，两次来到喇嘛益西旺波的小门洞前，偷偷地听他宣讲《法王言论集》和《集学论》。后来他筹备修建嘎丹玛摩寺，由于找不到现成的石料，他便亲自开采大石矿，之后又从上下各方迎请来耆老，共同商议后，修建了嘎丹玛摩寺佛殿。那时达隆法王绛曲嘉措前来和他相见，互相传授和听受教法。

却华益西于藏历第八胜生之水猴年（1452年）七月逝世，年仅47岁。

他的著名弟子有：达隆法王耿邦绛曲嘉措、国师班觉东珠、桂译师·循努贝、法王南喀洛哲等。

却扎益西巴桑

——噶玛噶举派红帽系第四世活佛

却扎益西巴桑,意为"法慧",于藏历第八饶迥之水鸡年(1453年)三月初三诞生在多麦(康区一带)哲雪康玛地方。父名敦贡巴嘉,母名扎萨索南卓玛。

幼年时,被迎至康玛寺,寺院上空出现彩虹,据说他换牙时,在新牙上出现青色舍利。他在僧会中端坐而毫无倦意,此时他已能分辨噶玛派文集和阿赤经教。10岁时启程赴康青地区,当来到离他的诞生地不远的地方时,轨范师固实巴遵法王却扎嘉措之命前来迎接,和轨范师相见皆十分喜悦,就在此师跟前闻习一些经教。水马年(1462年)十二月十五日,他和噶玛噶举黑帽系第七世活佛初次相会时献上发新[①],赐法名为札巴益西(法慧),赐给红冠一顶和印信一枚。不久由固实仁波切(即固实巴)作亲教师,耿钦绛华桑波作领诵师,给他授沙弥戒出家。尔后取道来到安多的宗喀,并北上去蒙古地区云游,向这些地区的信

噶举派

徒信民讲经传法,主要宣讲噶举派教义教法,引导他们走向成熟之道。返回西藏后,先后在康区和西藏的贡波、纳敦、雅加、雅多、嘎丹玛摩、直谷、雅桑、枳贡、曲许凌波孜、巴戎、朗勒、吉多玛(上下吉区)、桑普、楚普、乃囊、达隆等地学经、讲经、传法,或闭关精修。在此期间,他依轨范师绛华桑波闻习噶举诸活佛的文集和《近修法》《那若六法金刚鬘》《胜乐》《空行海》等启蒙经教,听受较难懂的《曼荼罗心滴》时,经阿巴夏嘎热班智达的启迪,如梦方醒,心领神会。后来有闻名于西藏的桂译师·循努贝和南喀罗哲等几位大格西慕名前来和他相见,对他十分敬信,并传授给喜金刚、时轮、大威德等许多密法。他还从遍知者却扎嘉措学习丹巴嘉措所讲的佛法;在云桑孜瓦上师处聆听了《时轮幻密法》《胜乐金刚》《阎摩法类》《慈氏论》等经教;依大译师详尽地学习了《六支瑜伽》和《律经》。却扎益西广听博闻,精通许多经教法类,又著了修法、注疏、曼荼罗仪轨、问答类等论著,成为红帽系活佛中的善知识。

24岁即火猴年(1476年)春,由云桑孜瓦作亲教师,冉觉僧格作领诵师,杰南巴作屏教师而受比丘戒(在《郭扎佛教史》和《雪域名人辞典》中记为却扎益西巴桑24岁时由著名桂译师·循努贝等授了比丘戒)。之后他在乃囊寺塑了弥勒佛金身;在嘎丹玛摩寺塑了释迦牟尼金身,兴建了隆智寺经堂。在去哇云寺的途中，一月之间前来请求出家的有300多人，他给这些人赐法衣，并授予出家戒。此年十二月初六为法轮寺佛塔作了开光仪式，继后又为桂译师的灵塔举行了开光仪式，并为桂译师逝世撰写了赞词和传记——《奇屏之海》。土猴年（1488年）他兴建了有94根立柱的嘎玛摩寺大佛堂。后到玛尔巴曾经修习过的地方讲授《喜金刚第二品》和《三常念》。他在直谷作了给夏桑巴授比丘戒的亲教师，又给羊八井[2]的地方官仁邦巴·端月多杰讲授《六支瑜伽》导释。因博得端月多杰的赞赏，在他的大力支持下，于金狗年（1490年）修建了羊八井寺，并由仁邦巴·端月多杰拨给羊八井寺庄园和农奴，作为此寺的供养。从这时起红帽系的主寺就迁到了羊八井寺。水猪年（1503年）在拉萨建图旦西科林寺。

他于藏历第九饶迥之木猴年（1524年）圆寂，享年72岁。著有《陈康译师索南嘉措传》《大颂》等。

注：

①发新：藏传佛教初出家者由堪布动手剃头发称发新。

②羊八井：地名，在西藏自治区当雄县西部。

却吉旺秀
——噶玛噶举派红帽系第六世活佛

却吉旺秀,他是一位不持教派门户之见,事师各教派名僧,广学各派显密经论,最后成为通达显密诸论的大学者。

却吉旺秀是直贡雪隆地方人,其父名直贡却嘉平措,母名龙毛萨央古,于藏历第十饶迥之木猴年(1584年)出生。土鼠年(1588年),他5岁时,被黑帽系第九世活佛旺秋多杰认定为第五世红帽系活佛的转世,并举行了隆重的坐床仪式,正式成为红帽系第六世活佛。他在孩提时就喜欢学习,不足16岁时,他已熟记31部经典著作的书目。他到后藏昂仁等几座寺院中,从师潜心闻习《释量论》《中观论》《般若论》《戒律论》《俱舍论》五部大论,并以五部大论为宗进行巡回辩论。水虎年(1602年),19岁时,他在噶玛·旺秋多杰尊前受比戒丘,后从噶玛·旺秋多杰、楚普寺的贾察仁波切等上师遍学显密诸论,并在卫藏的工布、达波、山南各地访师求学他自己渴望的知识学科。

噶举派

26岁时,云南丽江木土司木增(藏名索南冉丹)请求刻印一部《甘珠尔》大藏经。在这之前,仁邦巴端月多杰统治卫藏时期,在拉萨采贡塘寺中藏有一套完整的采巴《甘珠尔》手写本,献给当时噶玛噶举红帽系第四世活佛却扎益喜巴桑,后来却扎益喜巴桑将这套《甘珠尔》手抄本寄赠给丽江木土司府。因此土司派使者再三邀请噶玛却吉旺秀到云南丽江。却吉旺秀应坚请经康区、安多等地辗转去了云南丽江。土司早在丽江建立了印经院,并组织人力刨制刻版。却吉旺秀到这里时,刻印工作已开始,他即刻投入刻版的校对、审定等工作,同时还为大藏经撰写了藏文序言。他还利用休息时间,向土司木增及其眷属弘传佛法,并向丽江的纳西族信徒信民讲授噶举派教法。这项刻印《甘珠尔》大藏经的工作历时12年,至金鸡年(1621年)方圆满竣工。史称这部《甘珠尔》为丽江版。水猪年(1623年),木增又亲书汉文序言,所以丽江藏文大藏经藏汉两序并录。丽江版藏文大藏经的完成,对藏族文化的传播做出重大贡献。在却吉旺秀的主持下,由木增土司和其他臣民参加,为这部新刻印的大藏经举行了开光仪式。该印版收藏于中甸境内小中甸木天王宫中。土虎年(1698年),和硕特蒙古达尔杰博图兵临云南,在丽江见此经版后,将其移至理塘寺,故又成理塘版。金牛年(1721年),甘南卓尼寺参校此经版及其他经版刻印了卓尼版《甘珠尔》大藏经。

却吉旺秀完成这项刻印校审工作后,辞别土司府,经康区南部返回楚普寺。他这次一行,将噶玛噶举派教法传播到纳西族的信徒信民中,纳西族中多有信奉噶玛噶举派的信徒。

土蛇年(1629年),却吉旺秀46岁时,从前藏到后藏,经过阿里地区到尼泊尔朝圣,在这里他朝拜了尼泊尔的圣地、寺院、著名大佛塔、修行禅洞等,他还受到尼泊尔国王的敬信,要求他长驻尼泊尔讲经弘法。但他未答应这个请求。朝礼后返藏,到米拉日巴的修行地西曲地方,在这里住修了一段时间,因身体患病而于金马年(1630年)示现圆寂,年仅47岁。其弟子们将遗体迎至楚普寺,安奉于一银制天降灵塔中。

其著作,未曾见过其文集和书目,有一部广传,收入《噶玛噶举教法史》中。

华峨·祖拉昌瓦
——噶玛噶举派高僧

华峨·祖拉昌瓦，是乃囊寺华峨活佛的第二世，于藏历第八饶迥之木鼠年（1504年）生于拉萨聂塘（今西藏自治区拉萨市西郊曲水县）的涅氏家族，父亲喇嘛达，母亲兰尼卓玛。

据说他家乡的东面和南面是青山绿水，山上生长着各种奇花异草的草药，北面是雪山，有许多清凉药物，西面是森林，林内有多种植物药材。在这样一个优美的环境中和许多大德的培养下，他成为一代名医、史学家和佛学家。

5岁时，恰朗瓦大师认定其为法王华峨龙智之转世，在洛扎的卓峨寺坐床，拜多丹格敦嘉措为师闻习写诵。9岁时，他在噶玛巴红帽系第四代活佛却扎益西座前受居士戒和沙弥戒，取名弥潘·却吉嘉措。12岁时，他拜夏达波·班智达却嘉丹白坚赞为师，聆习新旧密乘诸经；在前藏从赫汝嘎·贡噶桑波闻习大手印导释；又于夏鲁译师·曲郡桑波处受比丘戒。他29岁赴贡波地方，在桑波贲巴岗晋谒黑帽系第八世活佛噶玛·弥觉多杰上师并求结法缘，被赐名华峨·祖拉昌瓦，自此从弥觉多杰上师闻习显教法甚多，精通显密诸论。

他于藏历第九饶迥之火虎年（1566年）去世，享寿63岁。

其著作有《金刚亥母注释》《入菩萨行论注释》《历算学·宝藏》《医学四续注释》《医术笔记精要》《矿物药·明灯》《源流史·智者喜宴》等。《源流史·智者喜宴》一书，现又译为《贤者喜宴》，他42岁时开始写作，经历近20年的艰辛磨砺，克服重重困难，终于在他61岁时圆满告成。此书是一部藏文历史巨著，资料丰富，史料珍贵，对研究藏族政教史极有参考价值。因该书刻版于山南洛扎代哇宗乃朗寺，故又称为《洛扎教法史》。

司徒·却吉郡乃
—— 噶玛噶举派大学者

噶举派

司徒·却吉郡乃,又名司徒祖拉·却吉昂瓦。藏历第十二饶迥之金龙年(1700年)生于四川多康六岗中金沙、澜沧二江间之色莫岗地方(今四川省甘孜藏族自治州德格县境内)。父阿旺才让,母查格玛。

3岁时,由噶玛噶举派黑帽系第十二世噶玛巴·绛曲多杰等认定为第七世司徒活佛的转世,由红帽系八世活佛噶玛·却吉东珠为其取名为却吉郡乃程列贡钦益西。5岁时,跟父亲学习藏文,由于他聪明刻苦,仅7日就基本上掌握了藏文读诵方法;7岁时在华觉寺始学仪轨。后来,从克钦华智学习天文历算、语言文法、修辞学;从阿洛喇嘛衮钦学习内明学。水龙年(1712年)五月,他由德格去拉萨,在噶玛·却吉东珠跟前受沙弥戒,又取法名噶玛丹白祖拉·却吉昂瓦,从此跟随红黑两系大师学习噶举派教法,还从枳霍仁波切闻习宁玛派教法,并朝拜了拉萨附近的各寺院，两年后返回德格。22岁时，金牛年（1721年），他与母亲查格玛去西藏朝拜，并随噶玛红黑两派喇嘛前去尼泊尔、不丹、锡金等国朝礼，受到雅布王的盛情接待。在那里，他和印度、尼泊尔班智达扎哈纳、布德瓦底、噶拉那杂雅玛岗一起研究佛教四续，解开了他语言、韵律、修辞等方面的疑难，阅读了许多书籍。据说他与班智达帕拉赫杜马就《甘珠尔》大藏经中的小乘戒律等法进行辩论，结果帕拉赫杜马认输，称赞他应受湿婆行佛。返藏后，他从红帽系八世活佛受比丘戒，还从七世达赖喇嘛噶桑嘉措闻习了《菩提道论》，又应云南中甸土司邀请前往云南弘法。返回德格后，他于火羊年（1727年）时，在德格修建了八邦寺，全称"德格八邦·圣教法轮寺"，为四川康区噶举派讲修显密宗乘的主要经院之一。司徒活佛原来住在昌都类乌齐的丹萨替寺，从却吉郡乃建八邦寺起，司徒的转世系统就以八邦寺为其主寺了。

35岁时第三次去西藏，又应尼泊尔雅布王之邀去尼泊尔，拜见了婆罗门班智达和昂巴班钦，并与之讨论文学、修辞学、医学等，受到噶厦班智达杂雅玛岗的称赞。却吉郡乃后又于48岁和51岁时两次赴西藏讲经学法。

却吉郡乃一生中曾前后两次去尼泊尔，五次赴西藏，还到过四川大小金川、云南等地讲经传法。他不持地方和

噶举派

宗派偏见,广学佛法,布道善施,利益众生,深得僧俗敬仰。在学问上,他能虚心学习汉、藏、印、尼等地各学者的著述,并能提出自己的独到见解,人们称他为大司徒学者。他在内明学、声明、医学、历算、语言学、修辞学等方面的著作有80多种,汇集有14函,现存于八邦寺。著有《巴尼巴声明》《阳金韵经》《同义藻词·长生藏》《卓玛女神祈祷文》等。其著《司徒文法广释》一书,是他自37岁至45岁间,历时8年著成,为藏文文法书中之名著,有八邦寺木刻本传世。晚年还著了一部《教法集》。他于藏历第十三饶迥之木马年(1774年)二月二十四日,应乾隆皇帝的邀请,从德格起程去北京,路经察哇绒时病故于旅途,时为75岁。

枳贡巴·仁钦贝
——枳贡噶举派创始人

噶举派

枳贡巴·仁钦贝,生于藏历水猪年(1143年),为康巴人,即今青海省玉树藏族自治州结古镇附近西航村人,属居热家族。他的家族世代信奉宁玛派,但他是宋代藏传佛教噶举派高僧,枳贡噶举①创始人。

父名俄羌多杰,母名热西萨宗玛。幼取名宗巴加。6岁开始学习藏文,同时在父亲跟前闻习大威德金刚灌顶法等密法,大都能通晓。8岁时,他从热振大修士和轨范师杰吾学习佛教教法次第,从洛巴·多杰宁波闻习密集修习法。据说9岁时已成为他人的教师,就能说法讲经。青年时期玉树地方发生天灾,他就到康区以给人念经的收入维持生活。因他口齿流利清晰,声音洪亮,唪诵佛经时优美动听,所以请他念经的人越来越多,以此所得布施,不但能养活母亲和兄弟姐妹,还可帮助邻里的病人、穷人,为他们解决实际困难。20岁时,他从轨范师益西学习至尊度母的灌顶法及秘诀。后来听到帕摩竹巴大师的盛名,油然生起无比的崇敬,准备了茶叶和马匹等礼物,前去帕摩竹寺找大师。见到大师后,献上茶叶和马匹,大师道:"茶叶我收下,马是牲畜,我不收牲畜供。"而后仁钦贝将茶叶熬好,帕摩竹巴召集了约有80位大喇嘛参加的僧会,饮用其茶,帕摩竹巴面容顿现光彩,心情也颇好,遂向枳贡巴说道:"优婆塞(居士),我知道你对我抱有极大希求,应该知道我多劫[②]以来是为你们的利益而苦修的。"枳贡巴听了此言,当即下拜而顶大礼,帕摩竹巴为他取名仁钦贝。

从此,人们普遍称枳贡巴叫具信优婆塞。他闻习了帕摩竹巴的教授后,生起了照见一切法真实性的大智慧,帕摩竹巴又传授给他一种特殊的密法。两年零八个月后,帕摩竹巴去世了,枳贡巴的名望逐渐升高,常有各地的人请他去主持法会。22岁闭关静修密乘法。25岁时,又由贡塘喇嘛香松妥巴作亲教师,枳隆巴作轨范师,叶巴杜僧作屏教师,给他授比丘戒。29岁时,他来到叶琼地方修持了3年,之后在郡卡隆寺叶巴杜僧那里聆习《律经根本》,由此修习戒律学成为精通者,上师的丹萨替寺还让他管理过3年。他于土猪年(1179年)37岁时,来到墨竹工卡的枳贡地方,把该地一座原有小寺扩建成为一座大寺,这就是著名的枳贡替寺,枳贡巴之名亦由此寺名而来,他所传

噶举派

的教派也就被称为枳贡噶举。此寺建在枳贡山上，寺院建筑依山势而布局，该寺禅洞和小禅室遍布枳贡山，可见此寺十分重视禅修。宗喀巴大师初到前藏时，首先来到枳贡替寺，从法主金厄瓦修学噶举派教法，他曾先后三次到过此寺，并在此处修行过，他所修行的洞叫宗喀巴修行洞。因为枳贡巴是玉树人，他所创立的枳贡噶举派在玉树传播较早，玉树有以乜也寺为主的枳贡噶举派寺20余座。枳贡巴的教授比较深奥，他的通达真实的弟子很多，据说有五万五千多人，几乎遍及于邬坚和那烂陀以下、五台山以上之地及一切山林茅棚中。他还曾维修过帕竹丹萨替寺和桑耶寺，后在卫藏各地游学，并作加持。

枳贡巴一贯严格遵守大宝戒律，荤酒丝毫不沾，受其影响他的一切弟子皆圆满具足戒律，在山林寂静处修行也都能做到不散乱放逸，他的美名遍于南赡部洲[③]。因此，佛教界敬称他为"三界怙主"。

德松钦巴大师曾来到枳贡，对枳贡巴的成就倍加赞赏，曾对他说："你犹如大阿阇黎龙树。"枳贡巴年届60岁时，来自生嘎岭（据说是今之锡兰）的一位阿罗汉，也认为枳贡巴是圣龙树转世的。66岁，祈请金厄瓦·扎巴郡乃担任帕摩竹巴寺的法台。73岁，在枳贡地方召集近十八万僧众的法会，由他主讲教法，并派以法王彭措为主的弟子到冈底斯山、古格、古雅岗、门隅、普兰等地弘法传教。在枳贡替寺中心和四周，留有枳贡巴的足印和修行洞。

枳贡巴·仁钦贝于藏历第四饶迥之火牛年（1217年）圆寂，是年75岁。从二十六任法台赤列桑布开始，在枳贡替寺创立了每逢猴年举行的颇瓦大法会，规模盛大。其著作有《山经》《会法》《十法》《三法》《大乘佛教心要》《四百法补遗》《朗钦若巴的故事》《修法无尽·海库》《除暗之日光》等50多种。其中《达氏广注》为《医学后续》的一部详注。

注：

①枳贡噶举：藏传佛教噶举派帕竹噶举支派之八小支系之一。土猪年（1179年），枳贡巴·仁钦贝在拉萨东北建枳贡替寺，创立该派，故名。该派重戒律，认为以因果说和所谓真实相融合，可以达到"真空"与"大悲"的境地。元朝封其寺主为万户长。金虎年（1290年）遭萨迦派袭击，枳贡替寺被毁，藏史称为"林洛"（意为寺院之变）。该派17世纪中叶后衰落。

②劫：梵音，"劫波"的略称。一般指古印度传说世界经历若干万年要毁灭一次，然后再重新开始，这样一个周期叫"劫"。

③南赡部洲：梵音译作"阎浮提"。佛教宇宙学说认为，环绕须弥山的有四大部洲，即东胜神洲、南赡部洲、北俱卢洲、西牛贺洲，文中枳贡巴盛名传播之地从佛教宇宙学上来说属南赡部洲。

达隆塘巴·扎西贝

——达隆噶举派创始人

达隆塘巴·扎西贝，意为"吉祥德"，南宋藏传佛教噶举派高僧，达隆噶举①创始人。藏历第二饶迥之水狗年（1142年）生于多康样雪邦冉党地方。父温伦巴波，母扎西萨·格松卓毛，其族系为噶斯征波内鲁格支系，为神话传说西藏人种六氏之一的惹氏。

他的生母去世早，父续娶其姨母，因不仁慈，父复娶另一姨母，这位姨母慈祥贤惠，对扎西贝精心养育。后来扎西贝年龄渐长，想外出拜师学法，其父不同意，曾几次逃走皆被父亲挡回。18岁时逃至塘嘉寺拉康巴·喜饶多杰那里，由嘎敦·拉康巴·喜饶多杰作亲教师，察敦·阁芒哇作轨范师，从二师出家，并受近事戒和沙弥戒，起法名扎西贝。从此他不进俗人之家，戒酒肉，严守戒律。后来他从格西扎贡巴闻习《般若略释》《入行论》《集学论》《道炬论》②《垛哈》③等噶当派教法。当时他有到印度去学法

噶举派

的夙愿，几次出行都遇到困难，未能实现。后来他云游塘嘉、党赛、前藏、朵洛当、觉木塘、温拉等地广闻教法。24岁他到前藏与帕摩竹巴相见，在此师处聆习噶举派教法长达6年之久，帕摩竹巴上师将自己拥有的佛学知识，尤其是噶举派教法毫不保留地倾注于与他有缘且善慧的这位康巴弟子。帕摩竹巴大师逝世后，其丧葬仪轨和建立灵塔等后事由扎西贝亲自主持操办，住了一个月有余，然后同完秋和施主摩贡等人结伴前往墨竹工卡，在噶当派名僧夏·切喀巴·益西多杰大师处又听受噶当派教法。他又请求侠尔巴作自己的亲教师，玛巴仲塘巴作轨范师，香敦阁弥巴作屏教师而受比丘戒，这时他对噶举、噶当两派的教法都有很深的造诣。之后他到处传教说法。当他来到一个名叫达隆的村庄时，贡鲁对他说："对面山的名字叫达隆，曾是善知识博多哇的驻锡地，那里有一个很好的修行岩洞。"他听后就到达隆山，在施有加持的岩洞中住了一夜，之后便在达隆的佐热贡建寺住了下来，那时师徒只有18人。后又到色哇隆修习了3年，在那里收了许多门徒。扎西贝39岁时，即金鼠年（1180年），由达、哲、绒三区头人迎请到达隆，住于拉章纳波宫中，在此处正式修建了达隆寺，他"达隆塘巴"的盛名也就传开，并形成达隆噶举派。寺院建成后，他降伏了当地的大力山怪作为护法神。寺僧因受他的影响，严格遵守戒律，禁止女人入寺留宿，戒荤酒。寺院最初只建有一座红殿和一些僧舍，以后历任住持集资扩建，形成了一座较具规模的佛寺。

达隆塘巴以一个"最有德行"的高僧而受到人们的普遍尊敬，曾有康区的喇嘛达峨巴（日光）等人慕名前来迎请，因当时发生骚乱，未能成行。后来达裕和绒巴两个封建家族势力发生纷争，请达隆塘巴妥善调停后，均归附于达隆。这样，达隆塘巴的影响不断扩大，成为藏北地区很有声望的一个教派集团。元朝分封的十三个万户中，达隆万户是其中之一。

达隆寺建成后，达隆塘巴就一直住在该寺弘扬佛法，直至去世前，长达30多年。达隆寺聚集僧人众多，达隆塘巴示寂时还有僧众3000余人。达隆塘巴施供的正法和金银无数，他曾三次到帕摩竹巴尊师的母寺丹萨替寺供献财物和经书，以报师尊之恩。最后一次供献的是用金银铸造的佛像，经函青白两种（涂青纸和白纸）共550函，金块和松耳石共40块，茶叶60篓，上好缎3000匹，牛马100头（匹），以及黄金百余两铸造的佛灯（金灯），还有大氅和铠甲等许多物品。临终时又供献寺院经函青色纸700函，白纸多函，金块和松耳石共50块，上好缎2500匹等物。据传，这些财物都被他的师弟枳贡巴不告而取，

噶举派

从此心情积郁,于藏历第四饶迥之金马年(1210年)圆寂,终年69岁。

著有《达氏广释》一书,是一部关于《医学后续》的注释书。

注:

①达隆噶举:藏传佛教噶举派帕竹噶举八小支系之一。金鼠年(1180年),达隆塘巴·扎西贝携门徒觉清至拉萨附近的达隆地方建达隆寺传法,创立该派,由寺得名。火鼠年(1276年)该派僧人桑杰温在昌都类乌齐地方建类乌齐寺,为该派在康区的主寺,与达隆寺并称"下塘""上塘"。

②《道炬论》:是《菩提道炬论》一书的简称。11世纪初,阿底峡至西藏阿里后以梵文写的一部佛教著作,后成为噶当派和格鲁派修行的主要经典。

③《垛哈》:古代佛教徒叙述修道证果情景的歌集,是由古印度最初弘扬大乘密教者龙树论师的上师萨和乐所著。

杰贡·次臣僧格
——修赛噶举派创始人

噶举派

杰贡·次臣僧格,系桂康色哇·察周巴的后代。父为武官关却嘉,母亲嘉察玛·多德坚。杰贡·次臣僧格于藏历第二饶迥之木鼠年(1144年)出生在山南雅隆昌珠一头人家中,取名却吉僧格(法狮子)。却吉僧格在11岁时出家为僧,赐法名次臣僧格。他曾做过昌珠长官的管家,后从格西霍尔学习密集灌顶法,取密号多杰嘉布(金刚王),向上师聆听了《密集本续释》等密法。

当时帕摩竹巴的声誉极大,因此他19岁时去塔杂[①],一见帕竹寺即生起不同寻常的敬信。当时帕摩竹巴正要赴僧会讲经传法,有的僧人用大氆铺地,有的以法衣垫道。次臣僧格是刚到这里的僧人,只好在路边以大氆铺路,帕摩竹巴大师转身向次臣僧格的大氆上走来,足踏其大氆注视着他道:"比丘金刚持[②],稀有啊!"他禀道:"我不是比丘,是沙弥。"师说:"虽是沙弥,然而已成比丘金刚持,大为稀有啊！"就这样次臣僧格跟随帕摩竹巴学习佛法，视师如佛，不甚用功力而生起了"乐明无别"的殊胜证悟，求得"方便道六法"等稀有教授。后回家去拿口粮时，其父刚被仇家抓走而正在闹纠纷，此事由当武官的弟弟却多去交涉。就在这时，帕摩竹巴大师圆寂，他十分悲伤。心想需访一良师求学，遂去江阁达拜噶玛坚巴为师，师徒谈吐投机，晚上联枕相谈，约住了一个月，传授了义传心要教授等许多教法。之后在山南沃喀地方和瑜伽师曲央相遇，此师又传给他大手印、至尊二面母加持法、六法等的导释，这时他已经摆脱了世间八法。30岁时，经上师允准后，遂到各地云游。在巴尔普求得《垛哈》三法的所有教导讲解。后来他在多隆区的泽喀扎地方，由尼绷为他作施主，一年中著了《缘起广海》等一些缘起法类著作。金牛年（1181年）在尼普地方（今西藏曲水县境内）创建了修赛寺。修赛寺，意为建于柏树丛林中的寺院。当时分东、西、中三个林，建有16根大柱的殿宇，内供两层楼高的释迦牟尼像。寺建成后，杰贡·次臣僧格住持寺院24年，广作利他事业，由此发展了上千的僧徒，在此基础上他创立了修赛噶举派，是为帕竹噶举派八小支派之一。后来准噶尔蒙古入侵西藏，此寺遭到了严重破坏，后七世达赖喇嘛将色拉寺的四名庙祝、一名僧人派往修赛寺，并规定僧人的供给由尼普庄园

噶举派

提供。杰贡·次臣僧格于藏历第三饶迥之木鼠年（1204年）谢世，终年61岁。寺院塑造了杰贡·次臣僧格的镏金铜像，连同莲花生大师像供奉于佛殿。随着时间的推移，修赛噶举派和修赛寺逐渐衰落了下来。后来对修赛寺的派属产生了两种说法：一说归属宁玛派，一说归属息结派。实际事实是这样：约于火羊年，云游各地的萨霍尔女高僧仁增曲央桑姆到此寺，她见这里风景优雅，气候凉爽，便在这里长期住下来，因她是宁玛派尼姑，所以这里尼姑渐众，成了宁玛派尼姑寺，又因她注重修习息结派的"觉宇"法，因而又有息结派之说。

注

①塔杂：帕摩竹地方一地名，塔杂瓦，是帕摩竹巴的别号。

②比丘金刚持：比丘为承认守护《毗奈耶经》所说二百五十三戒而如仪受持律的男僧，金刚持为密宗师的异名。

热丹贡桑帕巴

——明代江孜法王

噶举派

热丹贡桑帕巴,其祖先原生活在名叫丹玛的地方,即今青海省玉树藏族自治州称多县。后来几易其地,最后定居在后藏年楚河上游甲仲地方,属穆察噶氏后裔。其家族在这里日渐发迹,热丹贡桑帕巴的祖父帕贝桑布攀附萨迦法王,曾担任萨迦朗钦职务数年,还曾以米巴当室利达鲁花赤、帝师贡噶罗哲坚赞的随行官员身份前往元朝觐见英宗皇帝,皇帝封他为大司徒,赐给印信和诏书,返藏后在香波孜古修建了佛殿和宅院,建立僧团,命名为宗则钦。热丹贡桑帕巴的父亲贡嘎帕曾修建了江喀孜(江孜)城堡及朵琼的土城,又从帕摩竹巴手中夺取了达孜宗,重新在布尔达划界,城堡、庄园和属地都得到扩增。他又担任了萨迦的朗钦,所以称他为朗钦贡嘎帕,使政教兴盛,建立了功业。热丹贡桑帕巴就是在这样一个家庭环境中成长起来的。据传他是一位大菩萨的真实化身,所以他幼年和青年时信佛,学习佛法,建立佛殿,塑造佛像、佛塔、坛城,被奉为法王,后又从政,出任地方长官。他是一位在藏传佛教中集政教权力于一身的典型代表人物。

热丹贡桑帕巴于藏历第七饶迥之土蛇年(1389年)六月上旬伴随着种种吉祥而出生,其母玛吉桑姆贝,生有三子,热丹贡桑帕巴为长子。降生后,一些成就上师对他的一生作了许多预言,认为以后必成大器。他3岁时就跟父亲请来的却吉仁钦上师学习藏文文字及一般经文,14岁起从该师学习显密诸论和各教派教法,20岁时已成为谙熟多种佛典和教法的佛教教徒。他为了继续实现祖父昆仲在佛法方面未竟之意愿,广增福德资粮和智慧资粮,进行了时轮坛城、大威德金刚坛城、母续吉祥空行海坛城、胜乐轮坛城、金刚铃坛城等几十种内外坛城的开光及修供仪轨。他建立了讲修院,并新制定条规。24岁,他为了报答父母之恩德,长期修供上述各大坛城,念诵药师佛、文殊菩萨、度母经咒各五十万次,念诵具有护持力的陀罗尼,为修行打下了良好基础。25岁时,在江热建立法苑,迎请了智慧自在者格勒贝讲经传法,经常来举行法会和聆听经法的论师有400多人。26岁时,在年楚河上游出资修建了一座设计合理、造型美观的桥梁,桥上安装了栏杆,为两岸群众通行提供了方便,为人们所称颂。30岁时,召请了一些绘

噶举派

画技艺较高的工匠,绣制了一幅高80余尺的巨幅缎制佛像,主尊为释迦牟尼佛像,两侧为阿难和迦叶二胁侍,稍前为燃灯佛和弥勒佛,皆高50余尺。周围由十六罗汉和四大天王及护法神环围,四周边缘书写梵文的陀罗尼咒,又制作了高约40尺的弥勒佛像等等。

热丹贡桑帕巴为了更好地弘扬佛法,从印度迎请了曾在金刚座担任过堪布的班钦室利夏日苏札玛哈衍那为首的班智达来藏讲经。木马年(1414年),他与一世班禅克珠杰筹资将江孜平原年楚河畔西端的一小山坳内的一座小寺正式扩建为白居寺,修葺桑波仁波林佛殿。这里白天举行讲经说法的法会,犹如阳光催开智慧的莲花,晚上念诵经典之声,仿佛梵呗吹奏的法音。寺内能讲论经典的有1000人,能够理解密宗四续、按生圆二次第修习的僧人有500人,断除尘缘、修习禅定的有100人。木龙年(1424年),他和克珠杰又开始动工兴建规模宏大的白居十万佛塔及扎仓。据说这个工程前后进行了十年之久方才竣工。白居塔内有佛殿、佛龛77间,有108个门,塔为9层,高达32米多,形状奇特,素有塔中寺之称。佛殿、佛龛内塑造、绘制神佛像共十万余尊,又称十万佛塔,闻名于全藏区。后几经扩建,建有17个经院,有藏传佛教萨迦、噶当、格鲁三个教派自己的扎仓。寺院东、西、北三面有山环抱,四周筑以土城墙，城墙设城垛和敌台。热丹贡桑帕巴和他的子孙们在修建、扩建江孜白居寺和白居塔这座特殊的建筑上做出了不朽的贡献，据说由于以上所述建立僧伽、兴建佛寺、建造佛像以及各种奇异功德，年楚河这一地区，外敌不侵，瘟疫不生，没有各种违缘，因而政治稳定、佛法增盛，僧俗大众敬称他为江孜法王，怙主化身。

他在修寺建塔、建立僧团、讲经说法的同时，也十分注重政治事务。据说他在少年时期就对长官和昆氏家族的后裔们尊敬信仰，诚心服侍，并送弟弟到萨迦去担任萨迦朗钦职务。后来他积极与周围其他宗和豁卡头人建立关系，尤其与达仓宗的萨迦头人建立了密切关系，成为大领主南喀勒巴的杰出心传弟子。后来他又执掌了拉孜宗的管理大权。当萨迦玉脱拉章的接班人年龄幼小时，他又担起大近侍的重担，辅佐幼主。当他担任执掌地方政务的职位后，大明皇帝封他为大司徒，赐给印信和诏书，赠给许多礼品，并准许朝贡。在任大司徒期间，他时时处处以佛法治理，以理服人而不是以权治人。他做事总是身体力行，不积聚多余的财物，就是在必须征发钱财、粮食、差役（乌拉）时，也注意爱惜民力，量力而行，从不苛刻。他与其他宗和豁卡的人的关系处理得比较融洽，爱护他的属民百姓，因而得到了属民的信赖和尊重。

噶举派

　　后来拉孜以下到江孜地区都成为他的属地,其势力逐步扩展到西部的丹喀宗,东部的羊卓、洛扎等地,新增加了许多属地和属民。他与哥哥齐心协力,在弘扬佛法、护持地方等方面贡献良多,受到内外大众的赞扬和祝愿。

　　热丹贡桑帕巴的卒年不详。

岭热·白玛多杰
——竹巴噶举派创始人

噶举派

岭热·白玛多杰,意为"莲金刚",宋代藏传佛教帕竹噶举竹巴支派高僧,竹巴噶举派创始人。藏历第二饶迥之土猴年(1128年)生于后藏年多(江孜)地区,属林麦家族。父为嘉布甲哇波,是一位通晓许多密咒修法和以医卜为生的人,母为斯茂达琼。幼时取名为白玛多杰,8岁时学会了藏文拼读书写,已会书法和念诵,9岁时给拉杰惹曼医师供献了一块土地而求学医道,后来医术达到十分精湛的地步。13岁时,父亲逝世,他从贝央上师和卫巴·香热译师出家为僧,并从二师学习密续和教言。17岁时,他在轨范师岭师处受居士戒,并聆听轨范师华央的《六种明灯论》等教授,此时已娶妻在家。后来他师事格西俄玛塘巴,修习觉敦所传禁戒苦行①,接着在热、嘉二师的弟子邬巴香处学习觉毛诸法类,又到怒区的色巴隆从热译师闻习时轮②、胜乐③、能怖④和亥母诸法。之后他和热琼巴的弟子松巴相见,向松巴求教,松巴将所有教法毫无保留地授予他。

38岁时,来到丹萨替寺谒见帕摩竹巴上师,一见面,便对上师生起无比敬信,即拜帕摩竹巴为师。在这以前,白玛多杰虽出家学佛,但娶了妻。本来帕摩竹巴不喜欢娶妻的僧徒,可对白玛多杰十分喜爱。帕摩竹巴给他传授了修法导释,他立誓闭关而修,仅修了3天即出现了无比殊胜的证悟。就这样,在帕摩竹巴跟前修习了3个月。后来他又到四川康区,在康嘎朗顶寺修建了静修室,在那里讲经传法,住修了几个月后,又去温弥当和娘波、纳雪等地学法,后来又返回丹萨替寺,此时帕摩竹巴上师已去世,他用道情歌寄托他的哀思。从此他便周游前后藏许多地方传教,喇嘛香采巴为了平息乱事曾请他做助友,他还阻止了颇章喀曲、特乌琼哇等处的兵乱,由于他福转运来,因此获得了许多财物,他把财富的一半自己留下,另一半寄给香采巴建造了大佛像,又把别人供献给的经卷等,全部寄供于丹萨替寺。

他著有《续部解论》《明灯六论》《心金刚赞》《入瑜伽论》《胜乐曼荼罗仪轨》《垛哈释疏》等著作。

年近六旬时,他在香杰扎寺的西面倡建了纳普寺,由此世人皆称他为纳普巴。在住寺期间,他以导释次第和僧会说法来教育弟子。他于藏历第三饶迥之土猴年(1188年)

噶举派

五月二十八日在纳普寺圆寂。后来，他的弟子藏巴嘉热在拉萨河畔郎木地方建竹寺，形成竹巴噶举⑤支派。

注：

①禁戒苦行：以平凡庸俗之行为禁，奉行不共非常之约为行。

②时轮：时轮金刚，系无上密乘本尊之一。基道果位一切建立，均与内、外、别三种时会密切联系，故名时轮。

③胜乐：又称上乐、胜乐金刚，梵音名作赫如迦，指出现证大乐智道果次第之无上母续及其本尊名。

④能怖：作怖、能怖金刚，梵音译作威罗瓦。以凶暴威猛的姿态慑伏一切魔障，无上密乘一本尊。

⑤竹巴噶举：公元13世纪中，由岭热巴和藏巴嘉热等发展传出的藏传佛教噶举派帕竹噶举的八个支派之一，分上、中、下三系。中竹巴系嘉热氏族中传出，下竹巴系洛热巴师弟传出，上竹巴系郭仓巴师弟传出，均以前藏郎木地方的竹寺为祖庙。此派以注重苦修为特点，后期传入不丹，又形成南竹巴一系。

藏巴嘉热·益喜多杰
——竹巴噶举派开拓者

噶举派

藏巴嘉热·益喜多杰，意为"慧金刚"，藏历第三饶迥之金蛇年（1161年）生于后藏年多（江孜）地区，属嘉氏家族，父名嘉斯波察贝，母名玛萨达吉，有七子，藏巴为最小。因弟兄众多，父亲对他不甚宠爱，母亲将他托给一苯教徒，命名雍仲华。

8岁时其母去世。12岁时，兄长嘎敦带他到藏绒，在洛尼克哇跟前学习藏文。13岁时，他在轨范师达塘处住了3年，学习了对法、瑜伽、息结等教法。15岁时，他先后拜轨范师喀隆巴、柯热哇、藏察等为师，闻习《大圆满》《因明论》《大圆满智理圆满》《幻化》《大悲观音秘藏法》《入行论》《文殊名称经》等长达8年。23岁时，他的父亲请来阿阇黎喀隆巴说法，他悉心研习。后来至尊岭热·白玛多杰在热隆时，他前去拜见，献上一升盐巴的见面礼而学得一些灌顶和本续等教法。又跟随师尊到纳普寺继续学法，寒冬修习7天便能穿单衣而修。这时纳普寺正修佛殿，寺内僧人如往别处去或间断工作，寺院规定要罚黄金一钱。益喜多杰想离开这里，便献黄金一钱。上师说："那你就去特邬穹吧！"他知道师长不高兴，自己的修行会不起效用，于是又来到上师面前说："我错了，特来求忏悔！"上师喜道："对！这才是懂得佛法的行为。"又连续服了5个月修造佛殿的差役，修行也随之出现稀有的进步。有次上师破例立宗与他辩论，师说："应是离遮生三要（即是法身之相）。"他反驳师说："那么，虚空也应是法身，则犯过。"师无言可答，对他愈加喜欢。据说，藏巴嘉热专心在纳普寺闭关精修，出现风息内外都能增加的神异，通过高大墙壁毫无阻碍。他将出现的奇异情况禀告上师，师说："至尊米拉日巴也发生过这样的情况,甚是稀有！"他在纳普寺学法5年，学完了所有教诫，听完了一切释义导修，学会了噶举派的拙火定[①]，上师还为他作了掘伏藏和修热隆寺的预言。

土猴年（1188年）师尊白玛多杰谢世后，藏巴嘉热承办了圆满上师的意趣诸事，证悟等同虚空，降伏了魔类，亲见智慧护法圣容，获得了《六类一味》的伏藏。又从轨范师俄巴昆仲那里求得传授《金刚幕标本》《玛哈玛雅》《文殊名称经》等法及传统教法，并对至尊纳普巴的论著从头笔录了一遍，还对朋辈中诸人的写本遗缺部分作了填补。

噶举派

藏巴嘉热33岁时，才从香采巴正式受戒出家，起法名益喜多杰。之后在热隆（江孜县境）地方倡建了热隆寺，相传，热隆地名是因神变母羊授记，从此得热隆之名，意为"山羊沟"，在此处修建的佛寺以地名取"热隆寺"，他自任寺主。在热隆寺传承下来的这一系，后来称为中竹巴。水牛年(1193年)在拉萨西南的朗木地方修建了竹寺。"竹"是因龙吼叫而所取寺名，故译言"雷音寺"。竹巴噶举创始于岭热·白玛多杰，而形成于其弟子益喜多杰，因竹寺而得名。从此竹巴噶举教法遍及全藏,传出了"世人半是竹巴，竹巴半是乞丐，乞丐半是成就者"的谚语。在此前后，益喜多杰将至尊的弟子5000人派往各地学法传教，遍布于邬仗那、那烂陀、喀察、灵鹫山、内地五台山、杂日、侠邬达果、冈仁波齐神山等圣地。藏巴嘉热在圆满佛业成就的教法方面独创了一种"八大指导"②的修行要诀，据说藏巴嘉热从伏藏取出的甚深法类有:极为稀有的怛特罗《和合往生肯綮结合法》，相传它是那若巴大师的稀世之法；为玛尔巴了知但密传的殊胜法门一百零八种；属于不易解说的一百种法门中无上续部道次一百种；被称作三类耳传法宝的吉祥胜乐秘诀之特殊修法；名叫喜金刚圆满次第大种一味修法；父续密集五次第秘诀导释；对大幻瑜伽和四座瑜伽玛尔巴的一百种串讲；吉祥时轮秘诀三金刚和四金刚念修之六支加行的详略论述；七类成就和六种心要等秘诀精义身大印瑜伽；由法主文稿流传下来的上竹巴噶举八大导释、下竹巴噶举五能仁和中竹巴噶举七妙行正法，还有诸如胜乐、喜金刚等怛特罗的注疏、灌顶等，以及如仪修持即能显明密教和获得悉地的怛特罗等圆满修道之全部教诫，能让顿悟者、越级修行者和渐悟者各得其所直至进入金刚持之光明地。因此他作为法主曾宣示道："难道不能说竹寺和热隆寺是汇集了所有甚深法要的丛林吗？"热隆寺以具有三士之妙道——塔波噶举四法而著称。他经常以八大导释为修法宗旨广传弟子，使他们受益颇深。据传藏巴是师祖玛尔巴的上师那若巴转生的活佛，大多数人出于尊崇也承许这一传承。另外藏巴嘉热·益喜多杰按上师白玛多杰的授记曾到西藏珞隅的杂日山传法，在这里他修习了一段时间，经常看到胜乐金刚的圣容，越来越明显，后来他断定此山为佛教密宗胜乐金刚圣地，并首创年往巡礼之例，每逢猴年，规模更大，常达数十万人。他圆满了此生事业后，于藏历第四饶迥之金羊年（1211年）六月下弦初十黎明时圆寂，享年51岁，据传火葬遗体之日，空中现起虹幕、天雨瑞花。21节脊椎骨上皆现有一尊观音像，其中三尊作为殊胜的天成三密之列供养在本寺中，其余全分发各寺供奉。

噶举派

注：

①拙火定：藏传佛教密宗的一种修定方法，主要为噶举派采用，类似气功原理的苦修苦练，能使脐间生出暖气的一种修炼法，天寒地冻时只着单衣也可抗御，至尊米拉日巴就是修习拙火定的大成就者。

②八大指导：也称八大解，即上师三身指导、慈悲指导、因果缘起指导、五支甘露滴指导、俱生和俱舍指导、那若六法指导、八法一味指导、密行逆修指导等。

郭仓巴·衮波多杰
——上竹巴支派创始人

噶举派

郭仓巴·衮波多杰,意为"怙主金刚",是宋代藏传佛教高僧,竹巴噶举上竹巴的创始人。藏历第三饶迥之土鸡年(1189年)生于西藏山南洛扎的鲁穹地方。父曲洽孟扎,母索毛华金,因他的两兄长都夭亡,父母便将他寄托于舍邬索哇寺的轨范师索敦教养,取名为贡波华。

他幼时长相俊美,为人喜爱,语音悦耳,善于唱歌,心性善良。少年时就任舞蹈拔希①,人们普遍称他为拔希端智僧格。8岁时,他从师学习藏文拼读书写,为修学佛经打下了良好的基础。10岁时,他来到拉萨朝圣,在采贡塘寺拜见采巴祥上师,上师见他聪明伶俐,就给他讲授《中观》《入菩萨行论》等的注释经文,他皆能熟读理解释文。在此期间,他从轨范师瓦侠闻习《道次第》,从轨范师香听受《略释》,从轨范师东学习《中观论》,还从轨范师裕毗瓦学习《入行论》等,大都是学习一遍即能通晓。他曾到过拉萨三次，唯一的愿望是求得正法。19岁时，到热隆寺拜师藏巴嘉热出家为僧，起法名衮波多杰。嘉热上师十分喜欢他，向他传授朵玛灌顶，讲修法导释，讲授《皈依发心》《大发心》《四瑜伽》《俱生和合》《方便道导释》《七世系》《一全能》《密行广略作业》《十四根本堕罪》等法类，以及十三种修法和两面母法类等经教诵授。他跟随藏巴嘉热上师学经3年，后来征得上师同意后，前往枳贡寺向枳贡巴学密法，获得生起清净的信解。继后他来到藏北的热振寺，拜见了达隆巴和香采巴上师。他复回到藏巴上师跟前，但不久藏巴上师谢世，藏巴嘉热谢世后的第二年，郭仓巴建立盛大转法轮会，参加的有轨范师270人，僧众4800人。从25岁开始，他云游山南、后藏、阿里的冈底斯山、克什米尔、印度的阁烂达罗等著名圣地修苦行。7年后回到热隆寺，谒见了热隆寺住持温热·达玛僧格，他是藏巴嘉热的侄子，便从温热受了比丘戒。之后他在后藏协噶尔的郭仓地方，征得温热的同意，修建了郭仓寺，从此被人们称为郭仓巴。35岁时他来到杂日，在杂日修行了3年；38岁时在穹嘎修习了3年，修持大有长进。他又到漾嘎在米拉日巴修行过的地方修炼一夏，修持又有所长进。他在云游修习期间，曾接触过息结派教法，因此，在他的教法中，融合了各教派的教法。

噶举派

郭仓巴在下半生中先后修建了当卓、布扎、绛岭、德钦当、巴卓多杰岭等寺院,每一寺院中都有成千的修行僧。他的知名弟子中有邬坚巴·仁钦贝和与之齐名的央衮巴·坚赞贝等八人。由他开始形成了上竹巴支系,使得竹巴噶举派教法犹如旭日东升,得以弘扬。他的著作有《藏巴嘉热传·信仰之波》《洛热巴传》《热琼巴传》《十万道歌集》等。

他于藏历第四饶迥之土马年(1258年)圆寂,终年70岁。

注:

①拔希:系蒙古语,意为轨范师。这里的"舞蹈拔希",也可理解为把式、师傅。

洛热巴·旺秀尊哲
—— 下竹巴支派创始人

噶举派

洛热巴·旺秀尊哲，宋代藏传佛教高僧，藏巴嘉热·益喜多杰的得意门生。此师族姓为洛囊，以此立族名，为央区有名大氏族。父名纳觉喜饶，母名麦萨吉，婚后无子，常在大悲观音菩萨前作供养，祈祷子嗣。据说，夫妇二人，将供养物品驮在毛驴上，前去拉萨大昭寺释迦牟尼佛像前敬献供养，虔诚地磕头顶礼，求生子嗣，因而感动了佛祖，麦萨吉梦见佛像胸前发出一道毫光直射胸间，怀孕期间有各种瑞相，并于藏历第三饶迥之火羊年（1187年）在央区生下了洛热巴这个宝贝儿子。3岁时，洛热巴曾在一位宁玛派上师处听受藏语语法及简单的密法口诀，皆能倒背如流。幼年时就有宿世修法宏愿，不染其他儿童嬉戏习惯，6岁就已精晓藏文诵读，同时学习《波罗蜜多心经》和显宗方面的短篇口诵经文。16岁时，他前去谒见法王藏巴嘉热，十分信仰，对法王作了广大的供养而从师学法。17岁时，法王到聂塘调解纠纷，他和父母一行三人又去谒见法王。18岁时，他离家出走，来到拉萨的觉摩隆寺，师事觉摩隆寺的创建者堪布巴德罗汉受戒出家，赐名旺秀尊哲，意为"自在精进"。后来他在法王藏巴嘉热处住下来，做了法王的侍者。不久，他的家乡发生骚乱，法王允许他回家探望。来到家乡后，亲族的人商量给他娶妻，设法给他羁绊。他的母亲对他发出暗示，他就趁机逃跑，又回到法王处学法。学到了藏巴嘉热传授的拙火定教授，经修炼后能生起殊胜的"暖火"，经常作单衣修法。那年秋天家乡的人来迎请藏巴嘉热法王说法时，他的亲戚们请求法王命洛热巴留在家乡。法王说："是去是留由他自己决定吧！"这时洛热巴认为，即便建筑由金子堆砌起来的家园，但当你离开这个世界时，却颗粒也带不走，成婚是堕入尘世的起步，故而抛头颅也不走这条没有价值的路。他回答亲友们说："你们硬留我在家娶妻成家有何意义呢？"来参加法会的人听了这话感动得无不流泪，父母及族人也断了让他留在家中的念头。法王说："能晓得今生和后世的弟子，今天分辨出来了。"因此对他更加喜爱。后来他在法王处求得灌顶，受了比丘戒，攻读了《律根本》《喜金刚第二品》、密续部《玛哈玛雅》、甚深法《垛哈》、修行教法《胜乐》等等经教，并努力进行研习。正当他学法大有进益之时，听到父亲病逝的

噶举派

噩耗，迅速赶到家中，他和上师及僧众一起隆重地举行了父亲的葬礼，作了盛大祭供，给周围群众广作舍施，他们和寺院也得到了丰厚的供品献礼。事后还在家乡讲经传法，广泛发放布施，到处积德行善。洛热巴还亲自将家中存放的高利贷和欠账的文约全部拿出来焚毁。乡人们见此情景，感动得流下了热泪，都认为他已做出了普度穷人的佛法行动。给上师和寺院贡献了2800余头的牲畜供，作为寺院的给养。给周围群众施舍，破费了数以千计的财物。孝尽后，跟随法王回到竹寺，将他从家乡带来的剩余财物全部供献给了寺院僧众，寺院僧众都因享有其份而专心修习。他和其他僧人一样，不下山，不跨俗家门栏，着布单衣，禁语，不断供施百粒食子法，严守清规。这时法王对他说："你虽不需受这些制约，但应当知道释迦佛世尊也作过6年的苦行。"法王鼓励他的话，更使他树立了精研苦修的恒心。

洛热巴25岁时，他的师尊藏巴嘉热逝世，他为上师圆满作了祭祀活动，还用化缘所得到的财物，为上师修造了一座灵骨塔。他坚持上师的教导，继续在觉莫雪山、色莫垛修习，色莫垛是藏北纳木错圣湖中的一座岛屿，在这里修持两年，有时没有生活资料，遇到冰雪天，连柴火都无处可取。尽管生活极其艰难，他仍能专心作无量苦行，达到较高层次的悟道境界。以后他到曲弥嘎莫、香岗、久吉、乌日等地的小寺院传法讲经，广作利益众生事业，到处留下了他的足迹。尤其在乌日住了7年之久，聚集僧众有1000余人。乌日地区经他掌管后，过去发生过的恐怖乱事云消雾散，深受僧俗敬重。他在乌日时，对过路人广施口粮，并立为常规，因此他的善德行为远近闻名。31岁时，前往前藏聂洛若地方，在那里遇到了正在修行的洛若大师，听受了大师的教言。同时，他还拜喜饶昂瓦、吉乌郭巴、郭钦巴等诸多大师，接受密宗的秘诀要点。在聂洛若地方学习和修炼了15年之久。洛热巴于金牛年（1241年）在雅砻河谷建嘎波却隆寺，这座寺成了下竹巴的主寺，僧会人数多时，聚集到万余人，并制作了许多用金粉书写的修法书册。之后他到喀札喀曲，将喀曲寺的内部纠纷予以平息，修葺了喀曲寺佛殿，在寺中竖立了一对金幢。相传他还到过不丹，在不丹的本塘又修建了塔巴岭寺，这可能是竹巴噶举派在不丹建立的最早寺院。当他来到僧格日寺时，发现寺中的戒律松弛，他便作了整顿，使其振兴起来。他对500僧众传授了《胜乐大灌顶广轨》，作盛大节供，他曾在一个半月时间内从未间断地说法。

他于藏历第四饶迥之金狗年（1250年）九月初二圆寂，享年64岁。

他是一位能圆满供施，没有贪恋，一心勤修，善巧通达和以悲心作利他事业，而使一切僧众都成为静修之友的大师。

邬坚巴·仁钦白
——元代著名佛学家

噶举派

邬坚巴·仁钦白,意为"宝吉祥",是噶举派上西部竹巴噶举创始人郭仓巴·衮波多杰的得意门徒,又为黑帽系第二世活佛噶玛·拔希之弟子,黑帽系第三世活佛让琼多杰之上师,是噶举派一著名成就大师。

藏历第四饶迥之金虎年(1230年),生于多麦地区的耶茂塘地方,其祖先居·绛曲循努系莲花生大师的直传弟子,成为吐蕃赞普赤松德赞的一位应供上师,后来其家庭从康区流浪到前藏定居。其父母为居温觉彭和杜格玛,生有四子三女,邬坚巴在兄弟姐妹中排行第五,取名僧格贝,幼年时从父学习藏文和密乘法多种。

僧格贝年岁渐长,父母准备为他娶妻,他不愿接受,便逃到叔父跟前。叔父给他传授了《母续普巴金刚》《胜乐》《喜金刚》《金刚手》等秘法。16岁时他到珀东埃寺,拜法王仁青孜茂为师,闻习《上下对法》[①]《量决定论》《中观论》

和《般若略释》，从而得到讲说、辩论、著作三者无与伦比的美名。他先前从师郭仓巴受优婆塞戒，学习了噶举派教法，又从郭隆巴学习《般若略释》，在阅读《毗奈耶》诸律典时，感悟颇深。20岁时，由仁青孜茂作亲教师，香桑岭巴作轨范师，索南沃赛作屏教师，同时受完出家戒和比丘戒，取法名仁钦白。此后12年中，他专心守持静坐禁行，而且不食肉类。他从仁青孜茂求得卓译师传规的《时轮法类》，从郭隆巴学习了恰译师传规的《时轮法类》，从时轮师桑吉多杰求得杂弥传规，然后他精心研习三师时轮法的舞、歌、弹等修法，遂成为当时在西藏精通时轮和天文历算方面的权威学者。他又从郭仓巴和噶玛·拔希二师学习了噶举派所有教法，郭仓巴上师给他作了时轮灌顶，继得上师应允，先到门隅吉仲，后去克什米尔，从克什米尔转赴邬坚学法，他"邬坚巴"的名称即由此得来。在邬坚他学到了一些秘密法类，在他的传记里，有关于他到邬坚求法的旅行记，成为研究这一带古代地理的重要资料。他32岁时，金鸡年（1261年）前往金刚座（印度的阁烂达罗），修葺了一些佛塔佛像，后来返藏。

土鼠年（1288年），他按噶玛·拔希遗嘱，认定了让琼多杰是噶玛·拔希的转世。水龙年（1292年），他63岁时，应忽必烈之诏到北京，给忽必烈授时轮金刚曼荼罗灌顶，

噶举派

给臣民讲授佛法。忽必烈要他留在北京,并赐赏给他许多财物,但他分毫未取,不辞而别返回西藏,因此也就没有得到封号。

藏历第五饶迥之土鸡年(1309年)圆寂,享寿80岁。邬坚巴成就师一生不仅精通佛学、时轮学和天文历算,对藏医学也颇有研究。

注:

① 《上下对法》:是指《大乘阿毗达磨论》和《俱舍论》两部论著。《大乘阿毗达磨论》是印度无著论师所著有关共乘摄颂,分五卷。印度佛学家燃灯智与西藏译师戒胜共同由梵译藏,并加校订,唐代玄奘由梵译汉。《俱舍论》全名《阿毗达磨俱舍论本》,系印度论师世亲所著小乘一论典,正文偈颂体,分八卷,唐代玄奘由梵译汉。这两部论著合称上下对法。

竹巴·贡嘎勒巴
——一尘不染的瑜伽自在师

噶举派

竹巴·贡嘎勒巴,于藏历第八饶迥之木猪年(1455年)出生在拉萨河下游,父昂索·仁钦桑布,母本茂·官毛吉。他是家中的长兄,幼名叫才旺加布。13岁时,父亲被纳巴一方恶势力杀害,其姑父桑波收养了他,曾做仁蚌首领更杜桑波的侍从6年之久,后赴前藏,临行时将仁蚌·更杜桑波赐给他的一串琥珀念珠与一对璁玉耳环,以及一匹黄色良马送给姑父桑波作为养育之恩,然后去前藏朝礼,游方各地。

当他来到热隆寺时,热隆活佛供给他衣食,让他住了8个月,这期间他从师学习《喜金刚第二品续》。当证士拉宗大师来热隆时,他慕名前去拜见,求学《达扎》与许多佛法要旨。之后他去了绒扎噶曲顶寺,从大比丘索朗却旦大师6个月学习大手印等法之全部教授,同时向索朗桑布求学了宁玛派的许多经典及教法。后他赴乃宁寺,在乃宁寺法王尊前披剃出家,受沙弥戒,取法名贡嘎勒巴班觉桑布,简称竹巴贡勒。不久，他又从夏鲁杰钦饶尊等师受比丘戒，并从乃宁法王和夏鲁杰钦二师学习律藏、般若、喜金刚等方面显密经论多部。后他云游到工布地方，拜见第七世噶玛巴·却扎嘉措（1454～1506年），并从该师聆听密乘甚深法精要、一世成佛之究竟捷径和甚深奥义及有关风心无别之教授，并专心修持。另外，他还先后参达隆巴、占巴噶居巴、证士拉宗巴、索朗桑波等一些兼通显密的善知识，学习藏族传统的大小五明学科及佛学中的共与不共诸明处，皆达到通晓，成为一位博学之士。贡噶勒巴到门隅，创建门斯拉康（门斯庙），收门隅僧人30余名为弟子，传授经法。

  贡嘎勒巴不仅精通五明和佛学，还善于治理政教事务。他所处时代，正是格鲁派创始人宗喀巴大师在西藏阐化王扎巴坚赞的支持下对佛教各派出现的时弊进行整饬后的时期，他在游学传教时对政教方面出现的腐败现象，通过各种方法进行揭露批判。这与他所处时代和自己的身世有很大关系。当他的父亲被害不久，慈母不久也含恨离世而去。他们兄妹三人，各自流落异乡，过着非人的生活，他心中悲痛万分，顿失安家之念。他在《自传》中的几句话道出了当时的悲惨情景："恩父仁钦桑布被恶人夺去了生命，慈母又离我们而去，贡勒父子无意重返已荒芜的家园，乃浪迹四方。祈求竹巴之护法神保佑……"他失去了家业，流浪

噶举派

卫藏,足迹遍履门隅、阿里、塔工、拉萨、日喀则,还隐居山间小寺等地。由于他是一个流浪汉、游方僧,其所穿衣服无定规,或俗家服装或僧伽袈裟,时而男装时而女扮。当时大多数人都敬称他为成道者,也有个别人诋毁他为疯子。云游期间他还娶一明妃,名叫才旺宗,生一子,取名香琼竹巴。乃东头人恩赐给他住房及少量土地,让他一家安居耕种。他已是弃家离俗之人,不愿再落俗浊世。他所到之处,详细考察政教事务,目睹了一些"活佛""格西""咒师"等有地位的佛教界人士,自诩是佛祖释迦牟尼佛的虔诚信徒,实际上却作威作福,贪赃枉法,兴建豪华别墅,贪图享乐。更有甚者宗派相争,蓄养僧兵,挑起战乱,为害一方,如此等等,干出许多违背佛法宗旨之恶事,哪里还有什么慈悲善行可言,更不用说自度度人了,故而深恶痛绝。他在自己的《散集》一书中写道:"坚持苦行之僧侣较少,贪财图利之徒则颇多,名为信徒却背佛道而行,名为上师却作威作福,名为禅师却暗藏娇妻,名为证士却粗鲁狂妄。"他以如此深刻、尖锐之言词无情地揭露、批判了佛教界的阴暗面。针对一些寺院僧侣并不修持佛陀密意,只是玩弄表面文章而虚度年华之人亦加以讽刺。在他的《自传》中说:"去到法相学院学经,背着一袋词句而归,却把实际内涵丢掉,目空一切,自以为是,离经背道而行,毫无所获而徒劳往返。"

针对个别轨范师讲经说法，不是为了弘扬佛教、济利众生，而是为了个人名利之事，在其《自传》中又揭露道："如今讲经传法，是借佛法发财，非为饶益众生，纯为衣食而已。祈请佛祖施恩，来世惩罚尔等。"总之，他所到之处，对假佛法之名而办俗事，假公济私，不信报应，言行不一，尔虞我诈等人际关系中不当劣行，满心厌恶，花了相当的精力用不同的方式去揭露、批判。他也对佛教界的一些知名学者在写作时套八股文式的教条文风提出指责：一些人写文章著书，模仿那些印度经典格式，开卷即为书首赞礼，然后又是著书誓言，正文分章节，篇末为回向文与跋文等，格式死板，内容贫乏，满纸皆由华丽辞藻堆砌而成，借以冒充巨著。贡嘎勒巴的文风趋向大众化、通俗化，他以道情歌、歌调、舞步、苯教念诵调、嵌字诗、书信、短篇故事等进行写作。其形式为藏族通俗传统文体，且语言口语化，文字活泼流畅，群众易懂喜读，内容与当时的社会现象和实际生活息息相关。因他经常揭露批判亲眼所见的一切丑恶现象，故受到大多数人民群众的敬仰，许多著作在民众中广为流传。在他的《自传》中说："本人撰写的这部传记，并非吹嘘凡夫的奇迹，因别人不了解我的功过，故只揭己过，不谈优点。"他借揭发自己的过错，意在讽刺、批判社会上的种种不公正、不合理的现象，特别是对那些佛教界信徒，

噶举派

借佛法之名而干违背佛法之事提出了严厉批评。

当时西藏的社会局面是,后藏贵族仁蚌巴倚仗军队,于藏历第八饶迥之土马年(1498年)统治了前藏,至火牛年(1517年),统治卫藏约20年。帕竹第司用前藏军队赶走了后藏军队。从此时起,卫藏两地为仁蚌巴和帕竹第司所割据,卫藏之间发生大小战事多次,黎民百姓不得安宁。特别是佛教各宗派,凭借各地方势力的支持,也互相纷争,由于内部纠纷,前后藏人民之间产生裂痕,藏族人民不团结,日益陷入乱世的火坑。在这种情况下,不依附地方势力,不偏袒任何宗派,始终站在藏族人民的立场上,拿起笔杆,与社会上的许多不良现象作斗争而贡献出毕生精力的竹巴·贡嘎勒巴是十分难得的大德。

他的著作有《瑜伽师贡嘎勒巴传·草急成章》《瑜伽自在师贡嘎勒巴传·稀有甘露滴》等,据说在民间口头流传、私人收藏中亦有不少散篇。

竹巴·贡嘎勒巴于藏历第九饶迥之土鼠年(1528年)逝世,享年74岁。

竹巴·白玛嘎布

—— 竹巴热隆寺第四世活佛

噶举派

竹巴·白玛嘎布，为中竹巴噶举热隆寺第四世活佛，桑欧曲林等寺的创建者。他于藏历第九饶迥之火猪年（1527年）出生在工布地区庆多之藏雪昆地方。父觉色·鲁旺波，母曲君卓玛。

3岁时，由益西坚赞法尊剃度出家，起出家名嘉旺伦珠。4至6岁，因患风湿性关节炎，上师又给他改名都列南加，意为"胜魔"。后来一位下竹巴老喇嘛又为他改名为达巴坚赞。火猴年（1536年），他10岁时，被竹巴活佛阿旺却吉、上竹巴之弟班智达扎西南杰、上世竹巴之亲炙弟子衮邦喜饶嘉措等认定为第三世竹巴·加央却扎之转世，是年正月初一吉日，在竹巴热隆寺举行坐床典礼，登上了该寺无畏狮法座。从此，由轨范师喜饶果恰等任启蒙师，教习他藏文拼读，很短时间内学会了藏文的读写及简单文法，又从夏·扎西南加闻习了灌顶法及其他教法。后又由竹·绛曲钦波给他再次剃度,并授予居士戒和菩萨戒,取名金美阿旺诺布。11岁,他第一次去拉萨圣地,朝拜了大昭寺释迦牟尼佛像和小昭寺释迦牟尼佛像,作了供养,然后返回热隆寺。他在杰·图多处听受了《甘珠尔》大藏经和噶举派的一切秘诀,在年让巴师尊前研习了摄类学等《因明七论》。金鼠年(1540年),杰·图多上师逝世,年仅13岁的白玛嘎布高坐于二千名竹巴派僧众之上主持丧祭仪式,圆满料理完丧事。17岁,在华科德钦寺由耿嘎扎西南杰任亲教师,三藏法师官却仁钦为屏教师,桑杰益西为轨范师,给他授了具足戒,取比丘法号为阿旺贡嘎南杰诺布,发菩提心之名叫弥潘·白玛嘎布。自此,人们普遍俗称他为白玛嘎布。他又在这几位授戒师处学习戒律学,以戒律作为自己行为规范的准则,终生坚持每日只食一餐的习惯。

在夏域地方,他从竹译师阿旺扎巴认真学习诗学、词藻学、梵文等普通文化知识,因学有成就,曾为印度诗人佑巴金(旦志)著的《诗镜》一书作注释。他还对许多经典加批释文、释难和辨析总义,其著文笔优美,为人们学习阅读提供了方便。后来他的足迹遍履上下杂日,闭关一月,又赴山南、工布、达孜等地,所到之处拜师学法。他先后从竹译师、达察巴、桑杰龙主、益西坚赞、杰·图多、年让巴等40余位贤哲经师学习了显密诸论,成为学识渊

噶举派

博的佛学家。

他在噶举派佛学界有了一定声望后,以热隆寺活佛的特殊身份,调解纠纷,如曾调解平息了萨迦、噶玛噶举、竹巴噶举三派之间的宗派争执。各寺院与土官为争夺属民,战乱不息,人畜罹难,他于心不忍,亲自向各方进行说和调解,想方设法,使矛盾化解,战火平息,消除怨仇和争执。为此他时时念诵本尊咒语,如仪修习,默记经典甚多。平时念诵《修法海》《菩提道第·解脱宝庄严》,以及中观、般若、戒律、俱舍等方面的显宗经典,以教理感化人心,要人们向善,多做一些对佛教、民众有益的事。

后来有色多坚寺般若然贤巴、噶东寺般若然贤巴格勒琼乃、夏鲁寺然贤巴·喜饶桑波、日喀则诸学者闻其名而前来问经辩论,提出经典中的许多疑难,向他请教。白玛嘎布则胸有成竹地一一解答,他讲解清楚,论据充足,说理有力,因此,对方的疑难如冰释化,众学者都敬佩他的渊博学识。

白玛嘎布平生生活简朴,信奉者敬献资财供养虽多,但他从不私自享用,哪怕一针一线也十分珍惜,将大量的供养财物都用于弘传佛法方面。水牛年(1553年),他倡建扎西通敏寺。木鼠年(1564年),他为嘉协才寺兴建佛殿,内塑佛像,建造佛塔,印刷佛经等等,三年完工。他在竹热隆寺修建经堂、禅房，后在山南伦孜宗附近倡建桑欧曲林寺。他倡建、修复与扩建的法相经院、密宗经院、禅室亦不少。这些寺院都是他讲经弘法的道场，前来求受沙弥戒、比丘戒的弟子约五千人，其中在杂日神山和岗仁波齐神山闭关修炼噶举派密法的达数百人。他一生创建寺庙约10座，扩建、修葺寺庙约20座，弟子约六千人，结法缘者无计。他以乃东版《甘珠尔》大藏经为蓝本，用金银汁缮写《甘珠尔》大藏经。白玛嘎布第二次赴拉萨朝圣，为大、小昭寺释迦牟尼佛像前的佛灯献三千驮酥油，为噶丹颇章铸造佛像、佛塔多尊，捐献四十驮黄铜。向各派寺院僧众发布施，赈济广大贫民，耗资巨大。

白玛嘎布有他自己的做人原则，他从小对所见所闻善于思考，作为一个比丘僧，深谙佛法，在严守戒律的同时，也用自己得道的慧眼观察世间大小诸事、吉凶祸福。对巴结权贵、作威作福、凌驾于别人头上的人，不屑一顾，皆视为世间小人、可怜虫。他以弘传佛法、利益众生为宗旨，讲经修道行善。用佛法教化人，使人们走向成熟道和解脱道。

白玛嘎布于藏历第十饶迥之水龙年（1592年，明万历二十年）圆寂，享年65岁。众虔诚弟子举行追荐法会，建造铜制镏金灵塔，安奉骨灰。

其著作有《现观庄严论注释·慈氏教言》《狮子吼（莲

花生）历史》《杂日神山颂》《缘起论详释》、《白玛嘎布自传》(上、下册)、《竹巴佛教史·教莲盛开之日》(简称《竹巴教法史》,成书于1580年,拉萨木刻本为310页,书内记载藏传佛教后弘期人物事迹颇详,并录有诸大师之间来往书札）等。

雅桑·却吉门兰
——雅桑噶举派创始人

噶举派

雅桑法王，因建雅桑寺而得此称号，法名却吉门兰，意为"法愿"，南宋藏传佛学家，雅桑噶举①初祖。藏历第三饶迥之土牛年（1169年）出生于后藏夏玛莫地方，属努氏家族。父章莫嘉，母香坚本吉。

童年时，父母把他送到一个名叫夏相的地方，他在那里敬供三宝（佛、法、僧），成为善巧精通者，在一位名叫正堪布却敦的人跟前出家为僧，取法名却吉门兰。后来到羌嘎从轨范师听受《毗奈耶》和《菩提道次第》，那时他能自然生起修持。轨范师说："这位小僧人有贤善的三摩地。"18岁时，他想做比丘，于嘉杜寺中从亲教师鲁嘎、轨范师贡哇涅·达玛思吉、屏教师麦恰等上师受比丘戒。此后五六年间，皆于亲教师处精研《毗奈耶》，以讲持戒律而知名，大家普遍称他为努持律师。25岁时，在尼达寺中，堪布讲说四种法类时，他任副法座而对所讲经教文本记得烂熟。28岁时,他曾一度在夏相寺当过管家,后从学于帕摩竹巴之大弟子萨热瓦·噶丹益西僧格,之后云游后藏,与宁玛派高僧修波度孜相逢,求受了加持,后来在彭域周嘎寺周嘎哇处学习《发菩提心戒法》教授,在夏域努贡处求得皈依。之后他复来到萨热瓦·噶丹益西僧格座前,学习了《大手印心要》,特传《耳传识面》和《那若六法》等。此时上师说:"现在我后继有人了。"他住在苯香时,冬天那里的刺藜树上开出花来,因此人们欢声高歌赞颂他,献给他鲜花,其名远扬。

火虎年(1206年),他37岁时,由香布承许给他当施主,在山南琼结地方的雅隆香波雪山附近兴建了雅桑寺,从此世称其师徒所创教派为雅桑噶举。建寺后,他接受上下烈区、措纳、洛扎、雅隆等地方各施主的邀请,前去说法讲经。在洛扎说法的法座有45座,在烈区有47座。有一次他在香布甲寺僧伽大众前作集会宣讲时,应召而来集会的帐篷就有350座,要求出家的有15000人,堪布库巴委派的领诵师就有300人,雅桑派的居山修士有2100人前来集会。他于藏历火猴年,在帕竹藏王扎巴坚赞的支持下,修建了德阳大殿,标志着雅桑寺到了繁盛时期。

他一生弘扬佛法,利益众生,功德甚大,于藏历第四饶迥之水蛇年(1233年)与世长辞,享年65岁。

噶举派

他去世后由他的弟子仁钦觉色继承法嗣,直到藏历水虎年(1242年),仁钦觉色为前辈却吉门兰修建了十一肘高的金制灵塔,将遗骨安奉于此塔中。

注:

①雅桑噶举:系帕竹噶举八小支系之一。该派开始于格丹意希僧格(?~1207年),后由其弟子却吉门兰于火虎年(1206年)在山南乃东西南建立雅桑寺而形成,由寺而得该派名。元朝时为十三万户之一,约在土牛年(1349年)前后,被帕竹绛曲坚赞所灭,该派并入帕竹。

绰普·贾察仁钦贡
——绰普噶举派创始人

噶举派

绰普·贾察仁钦贡,是帕摩竹巴·多杰嘉波之弟子,绰普噶举创始人。藏历第二饶迥之土狗年(1118年,宋重和元年)生于后藏夏卜墨地方。为8世纪上半叶努·南喀宁布大师家族后裔,系努氏。母拉吉,是努族一小王之女,故把她的儿子称为贾察(意为"王甥")。

贾察5岁时学习文字与算法,从童年就不贪恋世俗而喜求正法。他先后从师鲁尼玛、岗喜饶喇嘛、班智达萨玛达纳室利等19位上师,在诸上师处分别学习了内外共与不共许多教法。他19岁时赴前藏,又拜玛尔却吉杰波、译师却吉桑波、麦敦·更噶宁波、俄·多德等为师学习了许多正法,并出家受戒。25岁时回到故乡,登上法位宝座,开始讲说教法,当时他父亲对他说:"必须娶一妻子。"他决意终身不娶,向父亲再三请求,最后父亲答应。后他又从札嘎波哇和班智等许多上师处求得了一些正法。这时遵喇嘛玛尔却吉杰波上师之命,他前往帕竹丹萨替寺学法,来到寺主帕摩竹巴·多杰嘉波上师尊前,生起敬信而学习了许多正法教授,产生了大手印殊胜证悟。他一生当中曾先后事师82位,学过甚深教法达136种,而帕摩竹巴是他的主要老师。

金兔年(1171年),遵帕摩竹巴生前师命来到端毛日,这时他已年届54岁,请求香息孜上师作亲教师,才受了比丘戒。之后他从尚尊温琼手中买得绰普地方一块土地,在那里盖了一个佛堂和一些僧舍,聚集了20多名僧人作为门徒,传授教法,后来在此基础上发展成为绰普寺,其教派遂称绰普噶举。

他于藏历第三饶迥之木兔年(1195年)圆寂,享年78岁。

工珠·云丹嘉措
——晚清噶举派一大学者

工珠·云丹嘉措,别称"游戏自在无边慧",音译"若白旺徐洛哲塔耶",于藏历第十四饶迥之水鸡年(1813年)十月十五日诞生在四川康区金沙江畔萨莫岗白玛拉泽之前的若绒加白地方,父亲丹增雍仲,母亲扎西措。出生不久,一些大德预言,这孩子将会成为一位持教高僧。幼年游戏玩耍时,一言一行皆带有灌顶、讲经、念咒等佛教内容。5岁始学藏文字母和拼读,稍加指点,即写读如流。他对上师乌坚活佛十分恭敬,10岁时进入佛教正法之门,学习显密经论的同时,还广泛接触工巧明、医方明、天文历算等学科,所学知识无不娴熟。青年时就已显露出智深慧广、德行高洁、庄严国土、利乐有情大德风范。他先后从协钦班钦居美图多南杰、大司徒白玛宁协旺布、嘉央钦泽旺布等50余名佛学大师,系统地学习显密经教、大小五明论、宁玛派新旧经论及一些伏藏经籍等,尤其深入研习了《中

噶举派

观》《般若》《俱舍》《慈氏》等主要经论及注释,博综经藏,名声大振,得到了"通达一切玛哈班智达"的桂冠。他不但将所闻一切经论进行深入思考研究,而且逐一运用于修行之中。经长时间修习、实践,获得了"悉地"成就。工珠·云丹嘉措才思敏捷,钩深致远,将所学经论、教言分门归类,精心梳理,最后整理编辑出《所知藏》《教诫藏》《经传密咒藏》《宝库藏》《不共秘密藏》,合称"五大藏"。后来他又将所发掘出来的零星散集汇编在一起,成为《秘籍藏》。这六大藏是藏传佛教各派公认且参用的经典,成为传世佳作。他擅长医学,除学玉陀·云丹贡布的《医学四续》外,广泛学习各地方、各教派著名医士的医学论著及医学史。为学密宗法和医学,他曾先后6次去印度拜师求学,还从乌仗那国的空行女贝丹昌瓦处学到了《医学八支论》,从著名仙人和神医处学到了医疗术和秘诀。根据所学医学知识,著述了《八支秘诀四续》《小续甘露精要》《工珠笔记·精选甘露滴》等医学著作。其中《工珠笔记·精选甘露滴》,简称《工珠笔记》,是一部医学名著,论述详略得当,主要阐述病理、药理、症状、治疗法则以及药物炮制等各种经验,不仅在康区广泛学用,而且在西藏、甘肃、青海等藏区有一定的影响。

据载,该师一生著述颇丰,有近100函,有德格版、楚普寺版、八邦寺版流传于世。

云丹嘉措是八邦寺工珠世系的第一世活佛，当时他任该寺讲经院的主讲，他不但精于著述，更善于讲经说法，所讲内容涉及显密经论、语言文字、医学历算、旧译、新译宁玛派经典及教言等。他无论是著书还是讲经，对一切佛法无偏无倚，不视教派之亲疏，为弘扬藏传佛教文化和藏族文化而尽心尽力，他的"六大藏"是佛教文化和藏文化的集大成者。他专心静修，还先后在杂扎仁钦扎静修地和宗雪德西堆巴修行地修建佛殿、佛塔，塑造佛像，印制佛经，修缮陈旧佛像，广作善业。

嘉央钦泽旺布大师（1820～1892年）与工珠·云丹嘉措年龄相仿，互为师徒，相互学习，取长补短。云丹嘉措40岁时，依伏藏师却居朗巴和钦泽旺布的授记，获得了拉朵日茂扎的伏藏书题。他58岁在拉杂布日茂扎建立三根本道场，取寺名德钦班玛。之后他又从德钦岩洞中掘出黄纸送葬经、哞嘎热的密衣，还从一些地方掘出莲花生及其弟子华贝哇所做的布包长寿丸、寂护的法衣、赤松德赞的腰带、修持马头明王和无量寿佛的黄纸经文等。总之，这一时期他掘得了许多珍贵的伏藏，是研究佛教和藏族史的宝贵资料，依此撰写了《百名伏藏师传》一书。然后，将所掘取的伏藏全部交给钦泽旺布上师，自己仍坚持讲、辩、

噶举派

著工作，勤奋不已，他晚年注重修持金刚瑜伽法和脉风。

他于藏历第十五饶迥之土猪年（1899年）十一月十五日伴随着几种奇幻现象而圆寂，享寿87岁。其弟子遍及卫藏、多康，著名的有噶玛噶举派第十四世、第十五世活佛和大司徒第十代和第十一代，以及加央洛代旺布、阿里法王贡嘎加样、居·弥潘·绛央南杰嘉措、伏师列冉林巴、居美埃东旺布、下密院堪布叶喜贡培、噶丹寺学者阿旺丹曲嘉措等。

该师因是八邦寺的活佛而收编在噶举派中。

玛尔·喜饶益希
——玛尔支派创始人

噶举派

玛尔·喜饶益希于藏历第二饶迥之木兔年（1135年）出生于康区哲地方的玛述格杰结迈隆村，系果杰氏达吾家族。父亲果木巴卢祖，是一位笃信佛教、心地善良的人，他有三个儿子，其中喜饶益希是幼子。喜饶益希从小聪明伶俐，十分虔信佛教。当佛学知识非常渊博而美名传遍雪域高原的噶举派大师嘎洛来此地传法时，喜饶益希有缘与他相逢，经请求始传给"皈依发心之要"。15岁时，觐见贝喇嘛波木杰，从其闻思因明、密宗等方面的显密经教。并依止贝钦波、阿森、布贡等三位很有影响的上师，在坛城中接受胜乐灌顶。他潜心修学哲布大师所传的遗教、五蕴分别说一切有部和出世法等。20岁时，他依喇嘛波木杰、乌色和巴卓西饶扎等师正式出家为僧，并受沙弥戒，取法号为喜饶益希。这时他准备前往卫藏继续深造，时有近师巴东希杰为其介绍了一位在卫藏声誉颇高的上师，这位名师就是帕摩竹巴。于是他同格西达玛布木一道前往前藏，在途中又拜藏纳为师，聆习了中观和因明学等方面的经论。并在嘎堆、恰巴和藏纳三师处受了比丘大戒，之后在8个月的时间里学习了"戒律论"，以戒律约束自己的言行。后他进入噶当派的著名学府桑普乃邬托寺，简称桑普寺，在这里五年时间中，从因明学大师恰巴·却吉僧格和藏纳师闻习显密教的综合理论，并在寺内与其他修学僧就因明论开展辩论，如此，因明学的理论水平日益提高，最后也成了一位能言善辩的论师，渐有名气。一次在拉萨圣地遇到了果木崔大师，从此师处获得了噶举派特有的大手印法，利用时间修学此法。又在3年时间中，他对从俄译师等噶当派名师传下来的噶当派的教法、教义等进行了修学研究，基本通达。然后，他与卫赤森格贝一道前往山南桑日境内的丹萨替寺，拜谒了帕摩竹巴大师，当时从康区前来拜师求学的僧人达百余人，在几天内觐见大师四次，传授了帕竹噶举一些甚深教法。由于急切学到佛法，修学过度，出现了口吐鲜血的疾病，不得不治病养病，过了十多天渐有好转，又向大师求学教法。大师看见这位同乡的弟子求法心切，将自己所知道的显密教法和主旨皆毫不保留地传授给喜饶益希，使他受益匪浅。他在帕摩竹巴大师跟前恭敬地苦学了一年多，获得了许多噶举派的经教颂授，他开始

噶举派

边学边依法进行修行，不但彻底治好了病，还出现了不同寻常的功力：冬日冰雪寒冬季节，能着单衣御寒。虽出现如此功力，但他毫不懈怠，更加勤奋地修持，按照大师的教导和噶举派传统，精进增益，一次次地冲破疑难之迷雾，终于获得了很大成就。他在大师处求学、辩论、修炼长达五年，功成名就。最后铭记大师的谆谆教诲，辞别恩师，启程返回康区故乡。回乡后的几年间，他仍然隐迹于深山老林潜心修持，功夫不负有心人，终于达到了彻底证悟的境界。于藏历金虎年（1170年），由他本人各方集资，在达牟登地方修建了玛尔协贡寺。这座寺院的兴建，为以后创建玛尔噶举派奠定了基础。寺院虽建成了，但他对寺院的壮大发展考虑得较少，他注重依法修持，也注重佛法知识的修学，对于那些不求学佛法，只求安逸和声誉的僧人都拒绝于寺院门外，所以该寺僧人数量有限，比起帕摩竹巴的丹萨替寺和其他噶举派寺院，玛尔协贡寺的影响不太广。尽管如此，他依此寺，创立了玛尔噶举派。由于他德高望重，修炼有成，在康区达牟登一带很有影响，追随他的信徒和依他为师求学的各地学徒达到二千余人。他淡泊名利、诚心地传播教法直到晚年，于藏历水猪年（1203年）摄色身于法身而示现圆寂，享年68岁。

他谢世后，其著名弟子益希坚赞完整地接受了喜饶益希的玛尔噶举派的佛学思想。因他长期在达牟登央衮修炼传法，故有央衮巴大师的美称，由他继任了玛尔协贡寺的法嗣。后乌泽任第三任法嗣，他之后由仁钦坚赞任第四任法嗣，以上几位传承者都是喜饶益希的弟子。他们为该派的继承、发展做出了极大贡献。这个小教派直到15世纪中叶时还继续存在，后来该派影响不如达波噶举在康区的其他寺院，逐渐汇入其他教派而不复存在。

叶巴·益希泽巴
——叶巴支派创始人

叶巴·益希泽巴，于藏历第二饶迥之木虎年（1134年）出生于达森隆地方的恰木底理沃村之董郭波木郭朵氏家族，父亲贡巴阿拜，是一位通情达理，具菩提心的咒师，母亲名贡巴萨尊玛卓央江。益希泽巴为长子，幼名普巴朱。从小从噶举巴大师噶罗上师，学习藏文拼读书写和经文念诵法，因俱生智慧，一教即通。19岁时，他来到巴嘉冲伯附近，依仲木大师和美觉东巴二人为师，出家为僧。取法名益希泽巴，并在二师尊前聆听了关于噶举派的一些经论和教授，之后又由二师为他授了比丘大戒，成为一名比丘僧，践行佛教律仪。后来与后藏阿里地方来的名叫曲切巴的名僧相遇，结为僧友，从其学习修行教理教言，在格西达云处修学闻、思、修之法，从闻思逐步进入实修。藏历水猴年（1152年），益希泽巴23岁时，与泽莫和杰曲古一道前往卫地，在途中学习喜金刚等密乘法。到前藏后从恰巴大师学修般若、中观等

噶举派

方面的经论。接受了噶当派的许多教诫、教言等经教。于藏历水马年（1162年），前往山南丹萨替寺，向帕摩竹巴大师敬献曼荼罗而顶礼，大师接受顶礼，最初为他传授了等持灌顶。他在丹萨替寺从师修学教法长达7年，将帕竹噶举教授和其他噶举派教言皆修学了一遍，打下了良好的基础，他的悟道也有了较高的提升。他于藏历土鼠年（1168年），辞别传法上师，离开前藏与达隆塘巴扎西贝一同返回康区，于藏历金兔年（1171年），他创建了叶普寺，后通称叶巴寺。以此寺为中心，他独创了叶巴噶举派，为噶举派八小分派之一。藏历土猴年（1188年），益希泽巴来到康区（即今之玉树囊谦县吉尼赛境内的达那地方），发现这里松柏茂密，河柳丛生，景色优美。在杂玛山和乃桑美加的半山腰，有土猴年（1068年）由凯达和他的五子修建的100柱九层佛堂一座，到此时已历百余年的佛堂十分陈旧，益希泽巴萌发了在此处也修建经堂的念头，他收元贡巴为弟子，在达那山（为何称"达那"呢？原来杂玛山和乃桑美加两山的山尖酷似马的两只耳朵，其中"达"，是藏语中的"马"，"那"是耳朵的意思，合称"达那"，即马耳山之意）下修建了100柱的藏式经堂一座，称"嘎嘉麻"经堂，并对旧佛堂进了一番修缮工作，自此达那寺成了叶巴噶举派寺院。寺院全称"巴吉俄巴达那诺布曲林"，意为"具吉祥之光马耳宝贝洲"，简称"达那寺"。

该寺最兴盛时期，僧侣曾达 2000 余人，活佛 30 多位。寺内建有帕摩竹巴、枳贡觉巴、玛吉拉珍等师的大灵塔，有叶巴神殿、贡保护法殿、吉祥天母殿等，佛塔 4 座，僧舍 150 余间。叶巴噶举派有多宗寺院，玉树杂多有巴矣寺，囊谦有达那寺、叶文寺、嘎扎西寺等寺院。

达那寺与其他一些藏传佛教寺院不一样，其他佛寺，尤其是格鲁派寺院内不允许演唱格萨尔王的戏剧故事，不收藏格萨尔王及其部将的文物。而达那寺因收藏格萨尔王及岭国将领的文物，塑造岭国人物形象及灵塔而闻名藏区。故人们又称该寺为"岭国寺"。据说很早以前格萨尔王和他的部将就曾在这一带活动，与达那寺有密切关系。后来寺内曾藏有格萨尔王的宝剑、长矛、盾牌、天弓、翎箭、盔甲、头盔等，还有格萨尔王妃珠姆的海螺腰带、加察大将的宝剑、王叔晁同的宝剑，以及法幢、法鼓、白法螺等法器，另藏有用黑纸金汁书写的岭家 30 位活佛的传记和岭国 30 位大将的传记等。达那山顶有格萨尔王及其部将的土木结构灵塔 30 座，分两大处：一处为 23 座，一处为 7 座。因此，目前到此朝拜转神的信士仍络绎不绝，叶巴噶举派随着时代的推移虽衰绝了，但达那寺至今依然存在。

叶巴噶举派创始人叶巴·益希泽巴于藏历木虎年（1194 年）示现圆寂，享年 61 岁，在几座寺院中建有他的灵骨塔。

噶举派

后　记

藏传佛教高僧不仅在藏传佛教的传播和弘扬过程中发挥了巨大的历史作用，还对藏、土、蒙古等民族劳动人民创造的优秀文化的继承、发扬和传播也起了桥梁作用。在历代高僧他们的著述中除了佛学思想，还蕴藏着大量的语言、文学、诗歌、艺术（音乐、戏剧、雕塑、建筑）、哲学、历史、天文历算、医药、农牧业生产等知识。尚有一些高僧在世俗事务中以其独特的身份、地位及其在僧俗中的影响，在调解部落、地界、草山和民事纠纷中起到过不可忽视的作用。他们抑恶扬善、扶危济困，赢得了僧俗群众的尊敬。其中还有部分高僧，如萨迦派的萨班等，他们为祖国统一、民族团结、人民安定等做出过重大贡献。为便于人们初步了解这些高僧的历史概貌，作者历经多年收集藏汉文资料编译了本套丛书。

所收宗教名人，就区域和民族而言，绝非凭主观而定，而是依据现有资料决定的。结果出现了地区、民族、教派诸比例不均衡的现象。因资料来源不同，对所载人物出生年代、出生地，甚至事迹也有差异。为力求准确，笔者查阅了大量资料并加以核对，但终因资料限制和知识水平所限，有些问题还难以定论，便采用了按两种或两种以上说法基本相吻合者为准，对少数说法不一致的，也做了些交代。书中已约定俗成的人名沿用未变，少部分名讳依安多语音翻译。为了防止名讳混淆，冠在名讳前面的习惯称谓基本保留。

由于此套丛书是一套专门介绍藏传佛教历史名人生平史略的书，在辑译和编写过程中，笔者慎重地对藏文典籍中那些纯宗教化叙述的内容材料进行了取舍，特别是涉及西藏密宗中的一些具体内容，基本上采取了舍弃的态度。尽管如此，书稿仍免不了沾带宗教色彩，这也是自然的。因此，我们要用历史唯物主义和辩证唯物主义的观点去认识和剖析它，去其糟粕，吸收其可贵的东西。

2018 年 9 月

编者写于西宁